석가모니

교과서에 나오는 위대한 인물
석가모니

펴낸날 2006년 7월 20일 1판 1쇄
       2013년 10월 28일 1판 6쇄

글 | 백승자

그림 | 이종은

펴낸이 | 강진균

펴낸곳 | 삼성당

편집 주간 | 강유균

기획 | 변지연

디자인 | 비짜루

마케팅 | 변상섭, 나윤미

제작 | 강현배

주소 | 서울 강남구 논현동 101-14 삼성당 빌딩 9층

대표 전화 | (02)3443-2681

팩스 | (02)3443-2683

홈페이지 | www.ssdp.co.kr

등록번호 | 제2-187호(1968년 10월 1일)

ISBN 89-14-01568-8 (73990)

· 이 책은 저작권법에 따라 보호받는 저작물이므로 무단전재와 무단복제를 금지하며,
  이 책 내용의 전부 또는 일부를 이용하려면 반드시 (주)삼성당의 서면 동의를 받아야 합니다.
· 파본은 바꾸어 드립니다.

석가모니

글·백승자 그림·이종은

삼성당

펴 / 내 / 며

요사이 우리 어린이들은 학교 공부와 학원 공부를 병행하면서 틈틈이 책도 읽어야 하고, 친구들과 신나게 뛰어놀기도 해야 한다. 게다가 컴퓨터 게임을 비롯한 각종 오락들이 발달하여 어린이들을 유혹한다.

이렇게 어린이들은 점점 더 하고 싶은 일과 해야 할 일들의 홍수 속에서 살아가고 있다. 그러나 한편으로 어떤 어린이나 마음만 먹으면 책을 접하고 읽을 수 있는 세상이다.

어린 시절에 좋은 책을 가까이 한다는 것의 중요성은 아무리 강조해도 지나치지 않다.

특히 인터넷과 영상 문화가 고도로 발달한 현대는 단편적으로 습득한 얄팍한 지식보다는 사회와 역사를 바르게 보는 눈을 필요로 할 뿐만 아니라 읽고, 쓰고, 생각하는 능력을 점점 더 요구하고 있다.

따라서 오늘날의 어린이들에게는 앞날에 대한 자신의 목표를 세우고 꿈을 키워 갈 수 있도록 이끌어 주는 위인 전기의 의미가 한층 더 중요하다. 위인들의 삶 속에는 큰 뜻을 펼치는 포부와 자라면서 겪어야 했던 시련과 고통, 이를 이겨 내고 빛나는 업적을 이루기까지의 과정이 생생하게 담겨 있기 때문이다.

〈교과서에 나오는 위대한 인물〉은 21세기 문화의 시대를 살아 가는 어린이들에게 본보기가 될 수 있는 위인들을 선정하고, 역사적 사실에 기초한 고증으로 내용에 충실을 기했다.

다양한 시각 자료와 본문 내용에 따른 삽화 구성, 내용의 이해를 돕기 위한 학습 도움말과 생생한 컬러 사진, 그리고 역사적 사건과 용어들을 설명해 주는 공부방 등으로 구성하여 어린이들이 쉽고 재미있게 읽을 수 있도록 배려했다.

이 책이 미래 사회의 주인공인 어린이들의 가슴에 지혜와 사랑, 용기와 신념을 심어 주는 길잡이가 될 수 있기를 바란다.

석가모니 *釋迦牟尼*

새로 찾은 땅에서 8

아득한 옛날, 아시아의 남쪽에
'부다가라'라는 나라가 있었다.
인더스 강의 하류에 자리잡은 이 나라는
감자왕의 훌륭한 지도력으로 오랜 세월 동안
아주 평화로웠다.

총명한 어린 시절 30

무슨 일이든 열심히 해내던 싯다르타는
일곱 살이 되어 드디어 학교에 들어가게 되었다.
싯다르타가 꽃으로 장식된 수레를 타고
학교에 가자 수많은 사람들이 축하해 주었다.

궁궐을 떠나다 54

얼마 후, 싯다르타의 신붓감은 야쇼다라라는 처녀로 결정되었다. 그녀는 카필라 왕국 신하의 딸로서 아름답고 성품이 착해 칭찬이 자자했다.

깨달음을 전하는 일 80

어느 날, 석가모니 일행이 고요한 강가를 거닐 때였다. 황금 신발을 신은 젊은이가 머리를 감싸쥐고 달려왔다. 젊은이는 석가모니 일행 앞에 멈춰 서더니 울면서 주저앉았다.

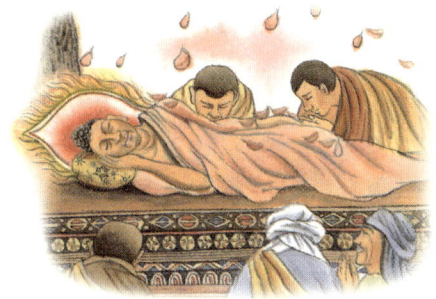

속세의 아버지를 만나서 94

사위 왕국에 수닷타라는 이름난 부자가 있었는데, 하루는 그가 석가모니를 찾아와서 말했다.

새로 찾은 땅에서

아득한 옛날, 아시아의 남쪽에 '부다가라' 라는 나라가 있었다.

인더스 강의 하류에 자리잡은 이 나라는 감자왕의 훌륭한 지도력으로 오랜 세월 동안 아주 평화로웠다.

그런데 그토록 어진 왕과 행복한 백성들에게 갑작스런 슬픔이 찾아왔다. 아름다운 왕비가 세상을 떠난 것이다.

"사랑스런 아이들과 나를 두고 어찌 눈을 감는단 말이오!"

네 명의 왕자와 다섯 명의 공주를 앞에 두고 감자왕은 크나

큰 슬픔에 눈물을 흘렸다.

신하들도 그런 감자왕을 보고 깊은 시름에 잠겼다. 그래서 서둘러 새 왕비를 얻으라고 간청했다.

결국 새 왕비를 얻고, 또다시 왕자가 태어나자 감자왕의 슬픔은 눈 녹듯이 사라졌다.

"왕비는 내 슬픈 마음을 감싸 준 은인이오. 무엇이든 소원을 말하면 들어 주리다."

그러자 새 왕비가 기다렸다는 듯이 대답했다.

"황공하옵니다만, 저의 소원은 태어난 왕자에게 왕위를 물려주는 것이옵니다."

감자왕은 왕비가 말한 뜻밖의 소원에 깜짝 놀랐다.

"그, 그건 아니 될 말이오! 위로 네 명이나 되는 왕자들이 있는데 어떻게 새로 태어난 왕자에게……."

감자왕은 자신의 섣부른 약속 때문에 마음이 무거웠다.

"하지만 제 소원은 오직 하나, 제가 낳은 왕자가 왕위를 물려받는 것이옵니다. 부디 왕으로서의 체통을 생각하셔서라도 약속을 지켜 주소서."

왕비는 난처해하는 왕의 심정을 알면서도 결코 물러서지 않은 채 고집을 부렸다.

"음, 이 일을 어떡한다······."

감자왕은 괴로운 마음에 입맛마저 잃어 갔다.

그러자 이 소식을 들은 왕자들이 달려왔다. 이미 씩씩한 청년으로 자란 왕자들은 감자왕 앞에 머리를 조아리고 앉았다.

"아바마마, 한 나라를 다스리는 왕이 거짓말을 한다면 어찌 백성들이 믿고 따르오리까. 저희들은 염려하지 마시고 막내 왕자에게 왕위를 물려주소서."

첫째 왕자는 물론이고 그 아래의 세 왕자들도 이렇게 아버지를 위로했다.

"우리는 이 곳을 떠나는 게 좋겠다. 어디든 새로운 곳을 찾아가서 살기 좋은 나라를 만들어 보는 거야!"

첫째 왕자가 동생들에게 말했다.

네 왕자들의 따뜻한 마음씨에 감격한 감자왕은 차례로 등을 어루만지며 할 말을 잃었다.

며칠 후, 네 명의 왕자들이 부다가라를 떠나는 날이 되었다.

감자왕은 치솟는 슬픔을 애써 누르며 사랑하는 자식들에게 코끼리, 말, 수레, 병사들을 나누어 주었다.

"부디 만수 무강하소서."

오랜 세월 동안 궁전에서 지낸 날들을 떠올리는 왕자들의 눈에 어느덧 눈물이 맺혔다.

"우리도 왕자님들을 따르겠습니다!"

"왕자님들이 새 나라를 세우시는 데 힘을 보태겠어요!"

"함께 갑시다!"

공주들은 물론, 수많은 백성들이 소문을 듣고 몰려들었다. 그들은 새 왕비의 욕심에 고개를 내저으며 왕자들과 더불어 떠날 채비를 했다.

네 명의 왕자들은 정든 땅을 등지고 히말라야 산맥*을 향해

학습 도움말

히말라야 산맥
아시아 대륙 남쪽 및 인도의 힌두스탄 평원과 티베트 고원의 경계를 이루고 있는 큰 산맥. 길이 약 2,400킬로미터, 폭 200~350킬로미터에 이르며 세계 최고봉인 에베레스트를 비롯해 7,000~8,000미터가 넘는 높은 봉우리들이 솟아 있다.

감자왕의 네 왕자들이 나라를 세웠다는 히말라야 산맥

길을 떠났다. 왕은 자신의 약속을 후회하고 있었다.

"용서하거라, 아들들아. 부디 너희들의 앞날에 축복만이 가득하길 빌겠다. 이 못난 아비의 섣부른 약속 때문에 너희들이 고생하는구나."

그러나 왕자들은 그런 아버지를 원망하지 않았다.

"아우들아, 절대로 아바마마를 원망하지 말자. 우리에게는 또 다른 세계가 열릴 거야."

첫째 왕자가 동생들을 위로했다.

"형님도 참……. 그런 염려는 하지 마세요."

"자, 모두 이 곳에서 쉬어 가도록 하자."

"형님, 좋은 생각입니다."

왕자들은 모두 오랜 여행에 지쳐 있었다.

"어, 이상하다. 나뭇잎들이 이상한 소리를 내고 있어!"

그뿐만이 아니었다. 산짐승들도 그 근처에서는 발소리를 죽이며 걸어다녔다.

왕자들은 조심스럽게 숲 속으로 걸어 들어갔다. 그러자 눈앞에 놀라운 광경이 펼쳐졌다.

그 깊은 숲 속에 드넓은 땅이 보이고, 좁지만 아늑해 보이는

움막이 한 채 있었던 것이다.

그리고 움막에는 수염이 하얀 노인이 앉아 있었다.

"잘 오셨소. 나는 그대들처럼 어질고 욕심 없는 사람들이 찾아올 날을 아주 오랫동안 기다렸다오."

노인은 왕자들의 사정을 다 알고 있다는 듯이 반갑게 맞이하며 말을 이었다.

"이 곳은 세상에서 가장 훌륭한 나라를 세울 수 있는 터전이니 그대들이 힘을 모아 건국해 보도록 하시오."

노인의 말에 왕자들은 약속이나 한 듯이 공손히 절을 했다.

"이 은혜를 어떻게 갚아야 좋을지 모르겠습니다. 부디 저희들 곁에 머물러 주신다면, 언젠가는 작은 보답이나마 꼭 해 드리겠습니다."

그러자 노인은 대답 대신 고개를 끄덕였다.

왕자들은 힘을 내어 곧장 궁전을 짓기 시작했다.

노인이 훌륭한 터를 잡아 준 것은 물론이고 발벗고 나서서 도와 주는 백성들 덕택에 새로운 왕국을 세우는 일이 그리 어

렵지만은 않았다.

어느 새 크지는 않지만 튼튼한 성이 완성되었다.

왕자들은 다시 평화를 되찾았다.

"이 왕궁은 카필라 성이라고 부르시오. 그러면 반드시 훌륭한 왕궁으로 성장할 것이오. 그리고 미천하지만 그대들에게 힘이 된다면 내가 끝까지 도우리다."

한편, 왕자들의 소식이 궁금해진 감자왕은 히말라야 산맥으로 사신을 보냈다.

사신은 한참 만에야 부다가라로 돌아왔다.

"네 명의 왕자님들은 참으로 훌륭한 백성들과 더불어 사랑과 평화가 넘치는 작은 왕국을 이룬 듯합니다."

사신의 말을 전해 들은 감자왕은 뛸 듯이 기뻐했다.

"오, 훌륭한 나의 왕자들이여!"

그 후, 왕자들은 차례로 왕위에 오르며 아주 행복한 일생을 보냈다.

그리고 그 다음에는 아들과 손자들이 계속 왕위를 물려받아 나라를 다스렸다.

바로 그 후손들 중에 정반왕이 있었다.

나중에 석가모니의 아버지로 알려지게 되는 정반왕은 사자협왕의 아들이었다.
　정반왕은 두 번째 왕비인 마야 부인을 무척 사랑했다.
　"그대를 닮아 착하고 어여쁜 아이를 잉태했으면 좋겠소."
　정반왕은 장차 태어날 아이에게 큰 기대를 걸고 있었다.
　그러던 어느 날이었다.
　마야 부인은 크고 하얀 코끼리가 자신의 옆구리를 뚫고 몸 속으로 들어오는 꿈을 꾸었다.
　"참으로 이상한 꿈이야……."

석가모니가 마야 부인의 오른쪽 옆구리에서 태어나는 것을 묘사한 부조

다음 날 아침, 마야 부인은 너무나 생생한 꿈 이야기를 정반왕에게 들려 주었다.

"글쎄, 뭔가 특별한 뜻이 담겨 있는 꿈 같은데……."

정반왕은 곧 해몽을 잘 하기로 소문난 학자를 불러들였다.

"훌륭한 왕자님을 잉태하실 꿈입니다. 흰 코끼리는 원래 부처님의 심부름꾼을 상징하는데, 아주 좋은 일에만 나타나는 동물이지요. 앞으로 태어날 왕자님은 틀림없이 천하를 다스리는 왕이 되시거나 크게 도를 닦아 온 세상 사람들이 우러러보는 부처님이 되실 것입니다."

학자의 말에 왕과 왕비는 기쁨을 감추지 못했다.

마야 부인은 얼마 지나지 않아 정말로 아이를 갖게 되었다.

"축하하오, 부인."

"고맙습니다."

"산달이 가까우니 친정에 가서 좀 쉬는 것이 어떻겠소? 건강한 아이를 낳아 기쁘게 만나도록 합시다. 부디 건강하게 돌아오시오, 부인."

음력 4월, 햇살이 따사로운 봄날에 마야 부인은 아이를 낳기 위해 시녀들과 함께 친정으로 떠났다.

석가모니가 참선했던 곳으로 유명한 보리수

그런데 마야 부인은 친정에 도착하기 전에 아기가 태어날 기미를 느꼈다.

"아! 몸이 이상한 것 같구나."

수레에서 급히 내린 마야 부인은 길가의 작은 동산에 들어섰는데, 그 곳이 바로 룸비니 동산이었다.

"정말 아름다운 곳이로다!"

보리수 그늘에 누운 왕비는 그윽한 꽃 향기를 맡으며 진통을 달래고 있었다.

잠시 후, 우렁찬 아기 울음소리와 함께 기쁨에 들뜬 시녀들

의 목소리가 울려 퍼졌다.

"오, 왕자님이 태어나셨다!"

그 날이 바로 음력 4월 8일, 룸비니 동산에서 장차 부처님이 될 아기가 태어난 것이다.

사신은 급히 정반왕에게 이 기쁜 소식을 전하러 갔다.

그런데 그 사이에 신기한 일이 벌어졌다.

갓 태어난 아기 왕자가 일어서더니 누구의 도움도 없이 걸었던 것이다.

아기 왕자는 사방으로 일곱 걸음씩 옮겨 걸으며 정확한 발음으로 외쳤다.

"하늘 위에서나 아래에서나 나보다 존귀한 것은 없다!"

그리고 아기 왕자가 내딛는 발걸음마다 연꽃이 피어나는 신비로운 정경이 펼쳐졌다.

카필라 성은 기쁨으로 가득 찼다.

정반왕은 덕망 높은 학자들을 불러들여 아기 왕자의 이름을 짓도록 했다.

"틀림없이 훌륭한 업적을 남길 왕자님이시니 '싯다르타'라고 하는 게 좋을 듯합니다."

"싯다르타! 오, 그것 참 마음에 드는 이름이오."

정반왕은 인도 말로 '무엇이든지 잘 할 수 있다'라는 뜻의 싯다르타가 정말 마음에 들었다.

"왕자여, 네 이름처럼 훌륭하게 자라거라!"

아들을 바라보는 정반왕의 흐뭇한 마음은 그 무엇에도 비할 수가 없었다.

그러나 기쁨은 슬픔도 함께 이끌고 왔다.

마야 부인이 아기를 낳은 지 이레 만에 세상을 떠나고 만 것이다. 사랑하는 왕비를 잃은 슬픔에 정반왕은 비 오듯이 눈물을 쏟았다.

"전하, 슬픔에만 빠져 큰일을 그르치지 마소서."

신하들의 충고에 가까스로 마음을 잡은 정반왕은 무엇보다 우선 아이를 키워 줄 사람을 구해야 했다.

그러자 마야 부인의 여동생이자 싯다르타의 이모인 마하바쟈바디가 스스로 싯다르타의 어머니 노릇을 하겠다고 나섰다.

"세상을 떠난 언니의 가장 큰 소원은 아기를 훌륭하게 키우는 것임에 분명해요."

이모의 손에서 자라게 된 싯다르타는 친어머니 못지않은 따뜻한 사랑 속에 무럭무럭 성장해 갔다.

그러던 어느 날, 웬 노인이 궁궐로 찾아왔다.

"새로 태어난 왕자님을 뵙게 해 주십시오."

아시다라는 이름의 그 노인은 세상일을 훤히 꿰뚫어 볼 줄 아는 도사였다.

히말라야 깊은 산 속에서 오랫동안 도를 닦은 그 노인의 눈빛은 태양처럼 강하게 빛났다.

정반왕은 노인이 왕자와 만나도록 허락했다.

"오, 원통한 일입니다!"

석가모니가 태어났으며 불교 4대 성지 중의 하나인 룸비니 동산

아시다는 왕자의 얼굴을 살펴보다가 자신의 무릎을 치며 슬픈 표정을 지었다.

"어찌하여 어린 왕자를 보고 그런 표정을 짓는가? 뭐 좋지 못한 징조라도……."

그러면서 정반왕은 노인에게 바싹 다가갔다.

"저는 일찍이 이 왕자님처럼 훌륭한 관상을 두루 갖춘 인물을 본 적이 없습니다. 이 왕자님이야말로 몇천만 년에 한 번 오실 위대한 분으로 부처가 되실 게 분명합니다."

노인은 이렇게 이야기하며 주름진 손등으로 눈물을 훔치고 나서 말을 이었다.

"전하, 제가 이렇게 슬퍼하는 까닭은 다름이 아니라 왕자님이 부처가 되어 설법하실 그 날까지 살아 있지 못할 것 같은 아쉬움 때문입니다."

"천하를 다스리는 황제가 아니라 도를 깨우쳐 참된 진리를 전하는 부처라……. 그래, 천하를 다스리는 것보다는 훌륭한 깨달음을 얻는 것이 더 중요할지도 모르지."

싯다르타를 바라보는 정반왕의 모습에서는 크나큰 사랑이 넘쳐 흘렀다.

"여봐라, 왕자의 앞날을 예언해 준 아시다를 위해 잔치를 베풀어 그 고마움을 전하라."

왕궁에서는 곧 조촐한 잔치가 벌어졌다.

"왕자께서는 부디 도를 깨우치고 훌륭한 제자들을 거느리소서."

노인은 정반왕의 접대를 받고 떠나면서도 싯다르타에 대한 덕담을 잊지 않았다.

그 후에도 싯다르타는 건강하게 잘 자랐다.

이모인 마하바쟈바디의 정성스런 보살핌 때문이기도 했지만, 싯다르타에게는 언제나 신비로운 기운이 감돌았다.

"역시 예사로운 인물이 아니야!"

"저렇게 어린 시절부터 훌륭한 기품이 갖춰진 인물을 본 적이 없어."

싯다르타를 본 사람들은 저마다 이렇게 찬사를 늘어놓았다.

그러나 정반왕은 싯다르타의 남다른 총명함이 은근히 걱정되기 시작했다.

"하나를 가르치면 열을 알고, 어느 새 깊은 생각에 잠겨 노는 것마저 잊고 있구나……."

더구나 그 무렵에는 싯다르타의 얼굴에 엷은 근심이 내비치기도 했다.

"무엇이 너를 슬프게 하느냐?"

어느 날, 정반왕이 싯다르타를 불러 이렇게 물었다.

하지만 싯다르타는 묵묵히 고개를 숙이고 있을 뿐 아무 말도 하지 않았다.

"너를 키워 주는 이모가 마음에 들지 않느냐? 혹시 친아들이 아니라고 아무렇게나 대해 주더냐?"

"아닙니다, 그런 일은 절대 없습니다. 제가 슬퍼하는 것은 저로 인해 너무 일찍 이 세상을 떠나신 어머니에 대한 죄스러운 마음 때문입니다."

싯다르타는 한동안 이모를 친어머니로 알고 따랐었다. 그러다가 얼마 전에 자기를 낳고 이레 만에 죽은 친어머니가 있다는 사실을 알게 되었다.

"인생은 정말 덧없이 흘러갑니다."

아직 어린 싯다르타의 입에서 거침없이 나오는 이러한 말은 정반왕을 더욱 놀라게 했다.

공부방

인더스 강

　인더스 강은 갠지스·브라마푸트라와 함께 인도 북서부의 3대 강을 이루고 있는 강이다. 하구 지방은 강의 퇴적 작용이 심하며, 강바닥이 주위의 토지보다 23미터나 높은 곳도 있다. 이 때문에 관개 용수를 얻는 데는 좋으나 그만큼 홍수의 위험도 크다. 하류에서는 물길이 자주 바뀌었으며, 기원전 3세기경에는 인더스 강 하구가 현재보다 130킬로미터나 동쪽에 있었다고 한다.

　인더스 강은 인도 역사상 중요한 의의를 가지고 있다. 중류 유역의 하라파, 하류 유역의 모헨조다로 등의 유명한 유적에서 볼 수 있는 것처럼 기원전 2500년경에 꽃피었던 인더스 문명은 이 강 주변에서 시작되었다. 그 후 아리아 인이 가장 먼저 정주한 것도 인더스 강 중류의 5개 강 지방이며, 알렉산더 대왕의 인도 원정을 시작으로 20세기의 제3차 아프가니스탄 전쟁에 이르기까지 여러 차례에 걸쳐 침략이나 전쟁의 무대가 되기도 했다.

　인더스 강 유역은 역사적으로 일찍 개발되었으나 펀자브 평원의 대부분 지역과 하류의 신드 지방은 토지는 비옥한 충적토인데도 강수량이 500밀리미터 이하이고 아열대 건조 기후에 속하여 자주 기근을 겪어 왔다.

유유히 흐르고 있는 인더스 강

영국 식민지 시대에는 유역에 광범한 근대적 관개 공사가 시행되기 시작했으며, 20세기에 이르러 완성한 신드의 수쿠르 댐은 유역의 밀·목화·사탕수수 등의 생산을 크게 안정시켰다. 인더스 강은 히말라야의 눈이 녹은 물을 주된 수원으로 하기 때문에 수량의 연변화는 있지만 결코 마르는 경우는 없다. 상류의 카슈미르 지방에서는 지형을 이용하여 수력 발전소를 건설할 계획이므로, 파키스탄의 공업화를 위한 잠재적인 동력으로서 중요한 가치를 지닌다. 파키스탄이 카슈미르 문제에 있어 양보하지 않는 원인 가운데 하나도 여기에 있다.

룸비니 동산

　부처님의 탄생지이며 부다가야(깨달음의 장소), 사르나트(정법 교화의 장소), 쿠시나가라(열반의 장소)와 함께 불교의 4대 성지로 꼽힌다. 현재는 네팔 땅으로, 〈불본행집경〉에 의하면 부처님의 어머니인 마야 부인의 아버지가 아름다운 동산을 만든 후 자신의 부인 이름을 따 '룸비니'라 했다고 전해진다.

　어느 날 마야 부인은 비몽사몽간에 천신들에게 이끌려 설산을 넘어 티베트 고원에 있는 아뇩달지, 즉 마나사로바 호수로 가서 목욕을 하고 신성을 얻어 흰 코끼리를 품는 꿈을 꾸었다고 한다. 코끼리는 인도에서는 성인이 태어날 때를 상징했으므로 바로 태몽이었다. 산달이 되어 부인은 당시의 관습대로 출산을 위해 친정으로 가다가 룸비니 동산에 도착했을 때 산기를 느껴 나뭇가지를 잡고 싯다르타를 출산했다. 경전들은 당시의 광경을 신비롭게 표현하고 있는데, 싯다르타는 모친의 오른쪽 옆구리를 뚫고 태어났으며 땅에 발을 딛자마자 일곱 걸음을 걷고 나서 '천상천하 유아독존'이라 외쳤다고 한다.

총명한 어린 시절

싯다르타는 자라는 동안 무슨 일이든 열심히 해냈다. 드디어 일곱 살이 된 싯다르타는 학교에 들어가게 되었다.

싯다르타가 꽃으로 장식된 수레를 타고 학교에 가자 수많은 사람들이 축하해 주었다.

"축하합니다!"

"우리의 총명한 왕자님, 만세!"

거리에는 흥겨운 음악이 넘쳐 흐르고 향기로운 꽃잎이 여기

저기 뿌려졌다.

싯다르타에게 글을 가르칠 선생님은 비시바미트라였다.

"오, 이처럼 뛰어난 재능을 가진 학생을 가르쳐 보기는 정말 처음이오!"

비시바미트라는 싯다르타의 남다른 총기와 지칠 줄 모르는 열성에 혀를 내둘렀다.

"학교 공부와 더불어 무예도 배우도록 하거라."

정반왕은 싯다르타에게 여러 가지 공부를 배우라고 말했다.

하지만 말을 타고 칼을 쓰며 군사를 다루는 법을 배우던 싯다르타에게 의문이 싹트기 시작했다.

"어찌하여 제가 싸우는 방법까지 배워야 합니까?"

싯다르타의 물음에 정반왕은 인자하게 대답했다.

"잘 들어라, 싯다르타. 너는 앞으로 나의 뒤를 이어 이 나라의 왕이 되어야 할 몸이다. 그러므로 학교 공부는 물론이고, 언제 전쟁이 일어날지 모르는 상황에 대비해 무예 실력 또한 갖추어야 하느니라."

정반왕의 설명을 묵묵히 듣고 있던 싯다르타는 아무 말 없이 그 자리를 물러나왔다.

'그래, 아버지의 뜻에 따르도록 하자.'

이렇게 마음을 굳힌 싯다르타는 무예 실력은 물론이고 천문학*과 점술 등의 공부에도 힘을 기울여 실력을 쌓아 나갔다.

한편 그와 함께 교육을 받는 학생 가운데는 데바닷타와 난다라는 소년이 있었다. 난다는 싯다르타의 배다른 동생이었고, 데바닷타는 사촌 동생이었다.

이들은 싯다르타가 장차 왕위에 오르게 될 것을 무척이나 시기했다.

"흥, 편안하게 왕위에 오르게 할 수는 없지."

"어이, 싯다르타! 우리 힘겨루기 한 번 할까? 지는 사람이 상

천문학
　천체와 우주에 대해 연구하는 학문이다. 천문학은 원래 달력을 만들거나, 시간을 재거나, 항해하는 배의 위치를 알기 위하여 생겨났다. 이어 천문학은 그리스 문명으로 이어지고, 유럽의 르네상스와 함께 근대 자연 과학의 한 갈래로 발달하게 되었다.

우리 나라의 소백산 천문대

대방을 업어 주는 거야. 어때? 내가 먼저 이 돌을 들어 올려 보겠다."

두 사람은 끙끙거리며 돌을 들어 올렸다.

하지만 싯다르타의 능력은 두 소년에 비할 바가 아니었다.

"도대체 저 녀석은 당해 낼 재간이 없어."

이 때 난다와 데바닷타는 싯다르타를 태우고 다니는 매우 아름다운 장식이 되어 있는 코끼리를 보았다.

"넌 뭐야? 싯다르타를 기다리느라고 우리의 길을 가로막다니, 기분 나쁘구나!"

그러면서 데바닷타는 코끼리의 머리 쪽을 힘껏 후려쳤다. 그 힘이 얼마나 강했던지, 커다란 코끼리는 휘청거리면서 쓰러지고 말았다.

코끼리는 한동안 피를 흘리더니 힘없이 눈을 감아 버렸다.

"이놈, 그 커다란 덩치로 성문 앞을 가로막고 있으면 안 되지. 저리 비켜!"

난다는 죽은 코끼리를 몇 걸음 옆으로 거칠게 밀어 놓았다.

"쯧쯧, 어쩌면 저럴 수가……."

그 광경을 지켜본 사람들은 데바닷타와 난다의 난폭한 성격에 머리를 설레설레 흔들었다.

커다란 코끼리의 주검은 좁은 길을 가로막고 썩는 냄새를 풍기기 시작했다.

사람들은 그 앞을 지날 때마다 코를 막고 얼굴을 찡그렸다. 하지만 그 누구도 코끼리를 다른 곳으로 치울 엄두를 내지 못했다. 왜냐 하면 여러 사람이 힘을 합쳐도 꼼짝조차 하지 않았기 때문이었다.

며칠 후, 성문을 나선 싯다르타는 흉한 몰골로 변해 버린 코끼리 앞에서 조용히 고개를 숙였다. 그러고는 또래의 소년답지 않게 겁도 없이 그 앞으로 다가가 앉았다.

"아무런 죄도 없이 이렇게 되다니, 정말 가엾구나. 행인들의 발길에 채이지 않도록 옮겨 주어야지."

길을 가던 사람들은 숨을 죽이고 서서 싯다르타를 지켜보았다.

싯다르타는 조심스럽게 코끼리를 안아 들었다. 그러고는 아주 멀찍이 내던졌다.

"오, 도대체 어디서 저런 힘이 나오는 것일까?"

"싯다르타 왕자님은 역시 예사로운 분이 아니야!"

가벼운 공처럼 날아가는 코끼리를 본 사람들은 한동안 놀란

입을 다물지 못했다.

그 뒤로도 싯다르타의 신비한 힘은 언제나 주위 사람들의 상상을 뛰어넘었다.

어느 날 무예를 가르치는 학교에서 활쏘기 대회가 열렸다.

싯다르타는 물론이고 데바닷타와 난다도 그 대회에 참가하게 되었다.

그 무렵은 활쏘기에 대한 백성들의 관심이 대단한 때였다.

"우와! 싯다르타 왕자님. 만세!"

특히나 한 번의 실수도 없이 과녁을 맞히는 싯다르타에게 백성들은 환호를 보냈다.

학습 도움말

대승 불교와 소승 불교

불교는 일반적으로 중생 구제라는 입장에서, 널리 인간 전체의 평등과 성불을 중시하는 대승 불교와 수행에 의한 개인의 해탈을 중요시하는 소승 불교로 나뉜다.
우리 나라를 비롯한 동북 아시아 지방은 대승 불교의 영향을 많이 받았다.

대승 불교의 중심지인 중국의 원강 석불 사원

"왕자님, 마지막 화살입니다."

그런데 마지막 화살은 유난히 크고 무거웠다.

"좋아, 내가 한 번 더 해보지."

그 때 기적 같은 일이 일어났다.

싯다르타가 쏜 화살이 일곱 그루의 나무가 선 과녁을 향해 날아가더니 동굴을 지나듯 가볍게 일곱 그루의 나무를 꿰뚫어 버렸던 것이다.

그런데 놀랍게도 화살이 꽂힌 자리에서는 맑은 샘물이 한없이 솟아났다.

"역시 너는 내 아들이다!"

이 모든 광경을 지켜본 정반왕은 싯다르타의 어깨를 감싸안으며 기뻐했다.

이렇듯 지혜와 용기가 남다른 싯다르타가 열두 살이 되었을 때였다.

정반왕은 가족들을 이끌고 들판으로 나섰다. 초여름의 싱그러운 바람이 부는 맑은 날이었다.

"오, 바람이 너무나 상쾌하군요. 어쩌면 하늘이 저렇게도 푸르를까요!"

싯다르타는 마치 시인이라도 된 듯 아름다운 풍경 앞에서 넋을 잃었다.

"저 들녘에서 일하는 농부들의 모습은 어떻게 보이느냐?"

"아, 저 사람들이 곡식을 가꾸느라 애쓰는 농부로군요."

싯다르타는 이렇게 말하고 나서 갑자기 얼굴빛이 변했다.

한 번도 눈여겨본 적이 없던 농부들의 모습을 그제야 비로소 자세히 살펴보았던 것이다.

'흙투성이의 몸으로 땀을 뻘뻘 흘리며 일하는 농부들, 숨이 차도록 일하고도 허리 한번 마음껏 펴지 못하는 저 고단한 삶이여!'

싯다르타의 마음 속에는 농부들의 고통이 그대로 전해져 오는 듯했다. 싯다르타는 사람들의 삶이란 언제나 여러 가지 고통이 뒤따른다는 것을 느꼈다.

그 때 싯다르타에게 또 한 가지 충격적인 일이 벌어졌다.

"저런! 새들이 벌레를 잡아먹고 있잖아!"

살아남기 위해 몸부림치는 하찮은 벌레들을 바라보는 싯다르타의 눈에서는 어느 새 눈물이 흘러내렸다.

"이 세상에는 왜 이다지도 고통스러운 일이 많단 말인가?"

석가모니가 왕자의 신분으로 생활했던 카필라 왕궁의 유적지

 싯다르타는 산책 나온 일행들로부터 홀로 빠져 나와 염부나무 그늘에 앉았다.
 그의 머릿속은 온통 한 가지 생각으로 가득 찼다.
 '이 모든 고통을 벗어나는 길은 과연 무엇인가?'
 싯다르타는 참기 힘든 고통을 당하는 생명들을 위해 자신이 할 일을 생각하느라 날이 저무는 것조차 잊은 듯했다.
 정반왕은 그러한 싯다르타의 모습에서 다시 한 번 어딘가 남다른 기품을 알아차리게 되었다.
 '과연 싯다르타는 앞으로 무슨 일을 할 것인가?'

마야 부인의 태몽이 아니더라도 싯다르타에게서 풍기는 기품은 늘 정반왕의 마음을 설레게 했다.

염부나무 그늘에서의 첫 명상 이후, 싯다르타는 점점 더 깊은 생각에 빠져들었다.

홀로 명상에 잠겨 있는 동안 느껴지는 행복감은 그 무엇과도 바꿀 수 없는 것이었다.

그러한 명상으로 싯다르타의 정신 세계는 더욱더 깊고 넓어져 갔다.

'내가 진정 이 세상을 위해 할 일은 무엇인가?'

청년이 되어서도 싯다르타의 의문은 풀리지 않았다.

그리하여 모든 것이 풍족한 궁궐 안에서 시녀들의 도움을 받으며 평화롭게 지낸 날들에 대해 반성하기도 했다.

이렇듯 날이 갈수록 명상에만 빠져 있는 싯다르타를 보자 정반왕은 가슴이 아팠다.

'내 뒤를 이어 왕위에 오르기보다는 아시다 노인의 말처럼 도를 깨우치려는 조짐이 엿보이는구나.'

이러한 실망감이 정반왕의 가슴 한 구석에서 맴돌았다.

그러던 어느 날, 싯다르타는 꿈을 꾸었다.

호랑이에게 쫓기는 무서운 꿈이었다. 소리를 지를 수 없는 것은 물론이고, 달아나려고 해도 발걸음이 통 떨어지지 않는 답답한 상황이었다.

싯다르타는 가까스로 등나무 덩굴을 타고 우물 속으로 숨어들었다.

하지만 바닥을 알 수 없는 깊은 우물 속에서 가느다란 덩굴에 몸을 맡긴 불안감으로 온몸이 땀에 젖었다.

'아, 이제 올라갈 수도 내려갈 수도 없게 되었구나!'

엎친 데 덮친 격이라는 말이 실감나는 순간이었다.

그 때, 어디선가 쥐 한 마리가 나타나 싯다르타가 간신히 붙잡고 있는 등나무 덩굴을 갉기 시작했다.

'안 돼! 그러면 안 돼!'

싯다르타는 지옥처럼 깊고 어두운 우물 속을 내려다보며 공포에 질려서 소리쳤다.

그러나 목소리가 새어 나올 리 없었다.

결국 싯다르타는 작은 쥐 한 마리의 행패 때문에 까마득한 우물 속으로 곤두박질치고 말았다.

"아, 꿈이었구나······."

잠에서 깨어난 싯다르타의 몸은 땀으로 흠뻑 젖어 있었다.

싯다르타는 꿈 속에서 겪은 일과 불안감에 떠는 자신의 관계를 곰곰이 생각해 보았다.

'그래, 세상에는 남을 해치는 사람들이 있으니 조심하라는 뜻일 거야. 아니, 아니야. 몸집이 큰 동물보다 작아도 마음이 간사한 짐승이 더 나쁘다는 뜻인 것 같아.'

싯다르타의 생각은 계속해서 이어져 갔다.

정반왕은 싯다르타의 우울한 마음을 씻어 주기 위해 여러 가지 방법들을 생각해 냈다.

"싯다르타를 기쁘게 해 줄 또래의 친구들을 불러라!"

학습 도움말

불상의 탄생

불교가 일어난 초기에는 불상이 없었고, 부처님의 유골을 모신 탑을 예배의 대상으로 삼았다. 알렉산더 대왕이 페르시아로 원정하여 헬레니즘 문화가 아시아로 전해진 후, 간다라 지방에서 그리스 조각과 인도 불교가 결합하여 불상이 탄생되었다.

통일 신라 시대의 대표적인 불상인 석굴암 본존불

그래서 싯다르타는 모처럼 새로운 친구들과 마음껏 이야기를 나눌 수 있었다. 평범한 집안에서 자란 친구들의 이야기 속에는 싯다르타가 경험하지 못한 수많은 사연들이 있었다.

"아, 나는 너무 좁은 곳에서 세상을 보았구나!"

이렇게 생각한 싯다르타는 마침내 친구들을 거느리고 성 밖으로 나섰다.

아름다운 경치를 둘러보며 동쪽을 향해 걸어가던 싯다르타의 눈에 멀리 한 노인의 모습이 들어왔다.

허리가 기역자로 굽은 초라한 몰골의 노인은 지팡이에 몸을 의지한 채 몹시 힘든 표정으로 걸음을 옮기는 중이었다.

싯다르타는 고개를 갸웃거리며 옆에 있는 신하에게 물었다.

"저 노인의 모습이 왜 저렇게 변하였는가?"

"저게 바로 늙고 병든 모습입니다. 사람은 누구나 늙게 마련이지요."

"음…… 세월이 가는 것을 막을 수가 없듯이 저렇게 늙어 가는 것도 어쩔 수가 없나 보구나."

싯다르타는 다시 마차를 타고 서쪽으로 가 보기로 했다.

한참 후 이번에는 꽃상여가 앞서 가고 그 뒤를 가족들이 울

부짖으며 뒤따르는 장례* 행렬과 만나게 되었다.

"저 광경은 도대체 무엇인가?"

싯다르타는 장례식을 처음 보았기 때문에 눈이 휘둥그레졌다.

"사람이 죽은 것입니다. 사랑하던 사람을 영원히 떠나 보내게 되어 저토록 슬퍼하는 것이지요."

'죽음'이라는 말에 싯다르타는 또다시 충격을 받았다.

"오, 죽음처럼 슬픈 일도 없구나!"

싯다르타는 누구나 이 세상을 떠난다는 사실이 잘 이해되지 않았다.

이처럼 우연히 닥친 삶과 죽음의 문제는 싯다르타를 오랫동

장례
사람이 죽었을 때 행하는 모든 의식 가운데 시신을 처리하는 일을 장례라고 한다. 그 처리 방법에는 매장, 화장, 풍장, 수장 등이 있는데 그 나라의 사회 관습이나 시대 상황, 종교적 배경과 밀접한 관계를 가지고 있다. 그러한 장례를 행하는 의식이 장례식이다.

불교도들의 장례 행렬(인도)

안 번민에 휩싸이게 했다.

그 때, 싯다르타의 앞에 한 노인이 나타났다. 그 노인의 옷차림은 남루했지만 함부로 대할 수 없는 위엄이 풍겼다.

싯다르타가 먼저 정중하게 물었다.

"그대는 누구이며 대체 어디로 가는 길입니까?"

"저는 사문이옵니다."

"사문?"

"네, 집과 가족을 떠나 세상 일을 모두 잊은 채 도를 닦는 승려*지요."

"그대는 어찌하여 사문이 될 생각을 했나요?"

싯다르타의 진지한 물음에 노인도 차근차근 대답했다.

"사문, 즉 승려란 내 한 몸보다는 남을 먼저 생각하는 사람입니다. 저는 오래 전에 인생의 덧없음을 깨우친 바 있지요. 지금은 깊은 산 속에 머물면서 세상의 일들을 내 일처럼 여기며 도를 닦는 중이랍니다."

이 말을 들은 싯다르타는 고개를 끄덕였다.

마음 속에 뭉게구름처럼 아름다운 생각이 꼬리를 물고 일어서는 듯했다.

'영원하고 평화로운 길이 마침내 한 인간의 마음 속에 자리 잡았구나.'

잠시 후, 노인의 뒷모습이 멀어지는 것을 지켜보며 싯다르타는 두 손을 모아 가슴에 얹었다.

"오늘은 커다란 배움을 얻은 날이다. 비로소 내가 기쁜 감동으로 하루를 마쳤구나!"

궁궐로 돌아온 싯다르타의 표정은 그 어느 때보다도 밝았다.

'모든 근심은 욕심에서 비롯된다. 그러므로 욕심을 버리는 것이 곧 근심을 없애는 것이다.'

싯다르타는 미처 생각지 못했던 인생의 참된 의미를 하나 둘

승려
출가해서 불교를 믿고 수도하는 사람. '승'은 '승가'의 준말이고 '려'는 '무리', '동료'라는 뜻이다. 중 또는 스님이라고도 하며 남자 승려는 비구, 여자 승려는 비구니라고 일컫는다.

석가모니의 가르침을 믿고 수도하는 승려들

씩 깨우쳐 갔다. 잠자리에 들어서도 설레는 가슴을 한참 만에야 진정시킬 수 있었다.

그런데 신하가 이러한 싯다르타의 변화를 눈치채고 정반왕에게 알렸다.

"요즈음 왕자께서 무예와 병법을 배우는 데 너무 소홀하십니다. 아마도 홀로 생각에 잠기는 것만을 기쁨으로 여기시는 듯하옵니다."

정반왕은 어느 정도 짐작하고 있던 터라 크게 놀라지는 않았다. 그러나 싯다르타가 왕위를 물려받는 대신 출가*하여 수도승이 되겠다고 나설까 봐 늘 조마조마한 마음이었다.

"싯다르타를 더욱더 따뜻하게 보살펴 주기 바라오."

정반왕은 가까운 신하들에게 이렇게 부탁을 하고 나서 자신도 싯다르타에게 많은 신경을 썼다.

경치 좋은 곳에 별장을 지어 싯다르타가 자유롭게 지내도록 하고, 좋은 스승들을 초청해 왕으로서의 자질을 갖추도록 힘썼다.

그러나 영특한 싯다르타는 오히려 스승들의 학문을 넘어서는 경우가 많았다.

'학문을 배우는 것은 그리 어렵지 않다. 그것보다 중요한 것

은 마음을 다스려 도를 깨우치는 것이리라.'

싯다르타에게 중요한 것은 오직 삶의 진리를 깨닫는 일일 뿐이었다.

그러나 그런 싯다르타를 보는 정반왕의 근심은 대단했다.

'음…… 정말 걱정이로다. 학문에는 전혀 관심이 없는 것 같으니…….'

그러자 신하가 좋은 방법이 있다며 나섰다.

"왕자께서 마음을 잡도록 하는 방법이 있습니다."

"그게 정말이오? 오! 그래, 어서 말해 보시오."

"세상에서 가장 아름답고 총명한 여인과 혼인을 시키는 것입

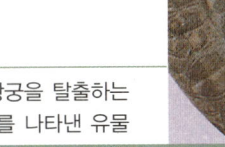

출가

불교에서 가족, 재산, 명예 등 모든 속세의 인연을 버리고 수행 생활로 들어가는 것. 출가하여 불교를 수행하는 풍습은 석가모니 때부터 시작되었다.

출가를 결심하고 몰래 왕궁을 탈출하는 29세의 싯다르타를 나타낸 유물

니다."

"옳지! 내가 왜 그 생각을 미처 못했을까? 가정을 꾸려 자식을 두게 되면 마음도 자연히 가라앉을 텐데……."

"그러하옵니다."

그 때부터 궁궐 안은 갑자기 싯다르타의 결혼 문제로 술렁거리기 시작했다.

정반왕은 싯다르타가 결혼하여 살 새 집부터 지으라고 명령했다. 그런 다음 세상에서 가장 훌륭한 며느릿감을 고르느라 들떠 있었다.

그러나 싯다르타는 아버지의 뜻을 차마 거역하지 못한 채 커다란 고민에 휩싸여 있었다.

공부방

정반왕

중인도 카필라바스투의 왕이며, 석가모니의 아버지다. 석가 족이 모여 살던 지역은 네팔과 인도의 국경 부근에 있는 한 지방인데, 현재의 지명으로는 우타르프라데시의 북방이다. 벼농사를 중심으로 하는 농업국이었으며, 일종의 공화제를 실시하고 있었다. 다만 남쪽의 대국인 코살라 국에 인접한 탓으로 주권은 코살라 국에 종속되었지만, 자치권은 인정되고 있었다. 정반왕은 그런 석가 족의 우두머리였고, 어머니는 마야 부인으로 알려져 있다.

정반왕은 사자협왕의 장자로서 석가모니의 생모인 마야 부인을 왕비로 두었으나, 마야 부인이 석가모니를 낳은 지 7일 만에 죽자 그녀의 동생을 부인으로 맞이했다. 그는 석가모니에게 귀의하여 석가모니와 그 제자들을 보호했으며, 죽은 시기에 대해서는 76세라는 설과 97세라는 설이 있다. 〈정반왕반열반경〉에 따르면 석가모니는 정반왕이 임종할 때 조국으로 돌아와 자식의 도리를 다했다고 한다.

인도 알라하바드에서 힌두 교 순례자가 갠지스 강에 몸을 담그고 있다.

데바닷타

석가모니의 사촌 동생이자 제자로, 그는 '승가(불교도 집단)'에 좀더 엄격한 생활 규범을 도입하여 개혁하려고 했다. 데바닷타는 고타마 싯다르타가 교단을 세운 지 20년째 되는 해에 아난다와 함께 승가에 들어갔다고 한다.

15년 뒤 마가다의 태자인 아자타샤트루와 교분을 맺어 힘이 강해진 그는 승가의 한 모임에서 석가모니에게 승가의 지도권을 자신에게 넘기고 은퇴하라고 정식으로 건의했다. 그러나 이 건의가 받아들여지지 않자, 아자타샤트루를 부추겨 마가다의 왕 빔비사라를 죽이도록 하는 데 성공하고, 석가모니를 죽이려고 3번이나 시도했지만 모두 실패로 끝났다고 한다.

석가의 또 다른 사촌 동생 아난다

아난다는 석가모니의 사촌 동생이자 주요 제자 중 한 사람이다. 줄여서 '아난'이라고 부르기도 한다. 석가모니가 사랑하는 제자였으며 헌신적인 동반자로 널리 알려져 있다. 여성의 출가를 달갑지 않게 여겼던 석가모니를 설득하여 여성 출가의 길을 연 것도 아난다였다고 한다.

그러나 석가모니가 죽었을 때 그와 가까웠던 제자 가운데 아직 깨달음에 이르지 못했던 이는 아난다뿐이었다. 그는 제1결집(기원전 544년경)이 행해지기 바로 전에 깨달음에 이르렀고, 그 결집에서 '경장'을 암송하는 중대한 역할을 맡았다. 아난다는 초기 불교 경전의 여러 장면에서 석가모니와 대담자로 등장하며, 몇몇 장면에서는 다른 사람의 질문을 받고 직접 대답해 주는 주인공으로 등장하기도 한다. 전설에 따르면 그는 120세까지 살았다고 한다.

궁궐을 떠나다

얼마 후, 싯다르타의 신붓감은 야쇼다라라는 처녀로 결정되었다. 그녀는 카필라 왕국 신하의 딸로서 아름답고 성품이 착해 칭찬이 자자했다.

마침내 두 사람의 결혼식 날이 되자, 카필라 성은 온통 축제 분위기로 떠들썩했다.

"싯다르타 왕자님, 부디 행복하세요!"

"정말 잘 어울리십니다."

백성들은 진심으로 축복의 말을 건넸다.

싯다르타는 그런대로 행복한 결혼 생활을 시작했다. 아름다운 아내가 곁에서 지켜 주었으므로 모든 일상이 안정되고 평화로웠던 것이다.

하지만 얼마 지나지 않아 다시 회의가 생겼다.

'이런 생활이 과연 나의 진정한 행복이란 말인가?'

싯다르타는 마음에서 일어나는 의문을 억누르며 생활했다.

"아…… 덧없이 세월만 흘러가는구나."

그런 싯다르타의 모습에 부인은 몹시도 괴로워했다.

'저이는 항상 마음이 다른 곳에 있는 것 같아.'

그래서 하루는 싯다르타에게 직접 물어 보았다.

"당신, 진심으로 나를 사랑하고 있나요?"

싯다르타는 아무 말도 하지 않았다.

야쇼다라의 눈에는 금방 눈물이 가득 괴었다.

"당신의 마음은 도대체 어디에 가 있나요? 혹시 우리 사이에 아기가 없어서 쓸쓸하신가요?"

그 무렵, 야쇼다라는 아기가 생기기를 간절히 기도했다.

그러나 싯다르타의 마음은 점점 멀어져만 갔고 집안에는 싸

늘한 기운마저 감돌았다.

때때로 깊은 밤에 홀로 깨어나 참선을 하는 싯다르타의 모습을 보면서 야쇼다라의 외로움은 더욱더 깊어졌다.

그 후, 세월은 흐르는 물처럼 지나갔고 카필라 성에는 오랜만에 경사스런 일이 생겼다.

야쇼다라의 간절한 꿈이 이루어져 건강한 사내아이가 태어난 것이다.

정반왕을 비롯한 모든 백성들이 자기 일처럼 기뻐했다.

싯다르타도 아내가 아이를 낳았다는 소식을 전해 들었다.

그러나 보통 사람 같으면 가장 기뻐해야 할 그 소식에 싯다르타는 무릎을 치며 탄식했다.

"라훌라!"

'라훌라'란 인도 말로 방해가 된다는 뜻이다. 결혼한 지 10년이 지나서 태어난 첫아들을 방해물로 여기다니, 정말 이해할 수 없는 일이었다.

"내 의사와 상관없는 또 하나의 인생이 시작되었구나. 아들아, 정녕 내 마음을 얽매는 굴레가 될 것이냐?"

싯다르타의 탄식은 곧 백성들의 입을 통해 전해졌다. 그리고

'라훌라'는 싯다르타 아들의 이름이 되어 버렸다.

어느 날, 마음을 굳힌 싯다르타가 정반왕 앞에 나섰다.

"이제 비로소 제 참뜻을 펼 때가 되었다고 생각합니다. 저의 대를 이어 줄 라훌라도 태어났으니 오랫동안 제 마음 속에 담아 두었던 일을 해 보고 싶습니다."

싯다르타는 아버지 앞에 엎드려 이렇게 간청했다.

"사랑하는 아들아, 이런 날이 올까 봐 내가 얼마나 마음을 졸였는지 아느냐? 이 늙은 아비를 생각해서라도 출가하겠다는 결심만은 버려 다오."

석가 탄신일을 기념하기 위해 모인 불자들

정반왕의 주름진 두 볼에서는 어느 새 눈물이 흘러내렸다.

정반왕은 싯다르타가 행복한 가정을 꾸리며 왕위를 물려받아 지혜로운 왕이 되기를 간절히 바랐던 것이다.

"아바마마, 이 불효 자식을 용서하소서. 하지만 이 세상에 태어난 사람은 그 누구든 언젠가 헤어지게 마련입니다. 부모님의 지극한 사랑을 모르는 바 아니오나, 이런 헤어짐은 아주 잠시 슬플 뿐입니다. 저는 출가하여 사람이 영원히 사는 법을 깨닫고자 합니다."

싯다르타의 말은 생각의 깊이만큼이나 확신에 차 있었다. 잠자코 곁에서 듣고 있던 야쇼다라도 눈물을 훔치며 돌아섰다.

"야속한 사람……."

사랑하는 아내가 눈물을 흘리는 것을 보자 싯다르타의 눈시울도 젖어들었다.

"모두들 슬픔을 거두어 주십시오. 저는 속세의 인연을 잊고 영원한 도를 깨우치러 떠나겠습니다. 늙지 않고, 병들지 않고, 죽지 않고, 서로 헤어지지 않는 영원토록 행복한 마음 속의 길을 저는 믿습니다."

그리고 여느 때와 다름없이 또 며칠이 지나갔다.

그러던 어느 날이었다. 그 날 싯다르타는 유난히 기분 좋게 하루를 보냈다.

아내와 아들을 데리고 궁녀들의 노래에 흥겹게 귀를 기울이기도 했다.

"고마워요, 싯다르타. 당신이 그처럼 밝은 얼굴을 보이니까 제 마음에도 환한 햇살이 비치는 듯하군요."

야쇼다라는 그 날 밤 아무런 걱정 없이 잠자리에 들었다.

그런데 모두들 깊이 잠든 한밤중에 싯다르타는 혼자 조용히 일어나 옷 매무새를 추슬렀다.

달이 유난히 밝은 밤이었다.

잠시 후, 싯다르타는 발소리를 죽여 가며 마부가 기거하는 방 앞까지 갔다.

"찬다카, 밤늦은 시각에 미안하네만 말을 좀 타야겠네."

"네? 이 밤중에 어디를 가시려고요?"

찬다카는 졸리운 눈을 부비면서 이해할 수 없다는 표정으로 물었다.

소문에 듣던 대로 싯다르타가 출가해 버리는 것은 아닌지 의심하는 눈빛이 역력했다.

"아무 말 하지 말고 나의 백마를 데려오게나. 성문도 살짝 열어 놓고. 어서! 찬다카."

"왕자님, 안 됩니다."

"찬다카, 내 말을 잘 듣게. 사람은 만나면 헤어지는 것이 정한 이치이니 서러워 말고 조용히 헤어지세."

찬다카는 할 수 없이 말을 끌고 나왔다.

"고맙네, 찬다카."

"왕자님, 안 됩니다. 낯선 길을 왕자님 혼자 가시게 할 수는 없습니다. 제가 왕자님과 동행하겠습니다."

얼마나 달렸을까? 부옇게 먼동이 트기 시작했다.

두 사람이 발길을 멈춘 곳은 거울처럼 맑은 물이 흐르는 아노마 강변이었다.

"아아, 이제야 가슴이 탁 트이는 듯하구나!"

싯다르타는 말에서 내려 상쾌한 새벽 공기를 마음껏 들이마셨다.

그러고는 차가운 강물에 얼굴을 씻고 막 떠오른 태양 앞에 당당한 모습으로 섰다.

"뜻한 대로 이루리라!"

싯다르타는 허리에 찬 칼을 뽑아 들더니 평평한 바위 위에 앉았다. 그러고는 자신의 머리카락을 거침없이 잘라 내기 시작했다.

찬다카는 깜짝 놀라 싯다르타 곁에서 한 걸음 물러났다.

이윽고 싯다르타의 머리를 자르는 절차가 끝났다. 싯다르타는 금과 보석으로 장식된 옷들도 벗어 던졌다.

"찬다카, 이걸 가지고 어서 궁궐로 돌아가게. 나는 이제 속세의 인연을 잊고 도 닦는 일에 모든 정성을 쏟을 셈이네. 그 누구도 나를 찾지 않도록 도와 주게."

찬다카는 싯다르타 앞에 머리를 조아리고 눈물만 글썽이더니 궁궐로 돌아갔다.

그는 싯다르타의 신념이 그 어떤 힘으로도 막을 수 없을 만큼 강하다는 것을 알고 있었다. 그래서 두말없이 떠나 올 수밖에 없었다. 싯다르타는 깊은 숲 속에 홀로 남겨졌다.

"이제야 홀가분한 몸이 되었다! 드디어 이제 진정 혼자 남게 되었구나."

오랫동안 귀족 신분으로 살아 온 싯다르타는 처음으로 혼자 생활하게 된 것이다.

그 때, 활을 든 사냥꾼이 싯다르타 앞을 지나갔다.

"이봐요! 그대가 입고 있는 옷이 참 편해 보이는데 내 옷과 바꾸어 입을 수 없겠소?"

지나가던 사냥꾼은 걸음을 멈추고 싯다르타를 훑어보고는 입고 있던 옷을 벗어 주었다.

"그런데…… 무슨 사연이라도 있으십니까?"

사냥꾼의 눈에도 싯다르타가 예사로운 인물이 아니라고 느껴졌던 것이다.

고행길에 들어선 싯다르타의 마음은 높푸른 하늘같이 평화롭기만 했다.

'부디 큰 깨달음이 내 안에서 일어나길…….'

보리수

무우수라고도 하며, 줄기는 회갈색이고 작은 가지에 가는 털이 빽빽히 난다. 또한 꽃은 작고 담황색으로 향기가 강하며 잎은 어긋난다. 중국이 원산지이고 종자로 번식을 하며 절 등에 많이 심는다. 이 나무 아래에서 석가모니가 깨달음을 얻었다 하여 유명해졌다.

석가모니의 깨달음의 상징인 보리수

싯다르타는 그늘에 넓게 퍼진 보리수* 아래에 자리를 잡고 앉았다. 얼마가 걸리든 깨달음을 얻을 때까지는 그렇게 꼼짝없이 앉아서 명상에 잠기기로 결심한 것이다.

새 소리와 바람 소리가 고즈넉한 숲 속을 가끔씩 흔들어 놓았다. 날이 저물자 사나운 산짐승들이 돌아다니기 시작했다. 무시무시한 숲 속의 첫날 밤이 시작된 것이다.

싯다르타의 두 손에서는 식은땀이 흐르고 무릎도 후들후들 떨려 왔다.

순간 궁궐에서의 행복했던 시절이 머릿속을 스쳐 지나갔다. 김이 모락모락 나는 맛있는 음식과 포근한 잠자리가 눈에 어른거리기도 했다.

'아니다! 내가 원하는 것은 결코 그런 것이 아니다!'

싯다르타는 힘껏 고개를 흔들었다. 그의 굳센 의지는 곧 육체적인 고통과 잡념을 뿌리치게 했다.

그렇게 한동안 세월이 흘러갔다. 맑은 날도 있었지만, 자주 거센 소나기가 지나가고 세찬 바람이 몰아쳤다.

그러나 보리수 그늘 아래에 앉은 싯다르타는 바위처럼 움직일 줄을 몰랐다. 오직 깨달음을 얻겠다는 일념만이 그를 지탱

시켜 주는 힘이었다.

그의 몸은 야위어 마치 앙상한 나뭇가지를 보는 듯했다.

그럴 수밖에 없는 것이, 며칠 동안 먹은 것이라고는 근처에 있는 옹달샘물 두어 모금뿐이었다.

사냥꾼에게 얻어 입은 남루한 옷을 걸친 그의 모습은 초라하기 그지없었다.

그러나 눈만은 그 어느 때보다도 맑아서 세상을 다 꿰뚫어볼 것처럼 빛이 났다.

그렇게 일 주일이 지나갔다.

"이만하면 내 마음 속의 욕심과 방황은 어느 정도 잠재운 것 같구나."

싯다르타는 고행을 시작한 지 8일 만에 자리에서 일어났다.

"이제 진정한 선인을 만나 깨우침을 얻어야겠다. 선인을 만나러 간다고 생각하니 벌써부터 마음이 설레는군."

하지만 만나는 선인마다 싯다르타를 실망시키고 말았다.

'내가 원하던 것은 이런 것이 아닌데……. 그래, 마지막으로 아라라가라마 선인을 찾아가 보자.'

그러나 그가 있는 곳은 험하고 멀어서 고생스러운 길이라고

신라 눌지왕 때 묵호자가 창건했다고 전해지는 경상 북도 황악산 직지사의 천불상

소문이 나 있었다.

"그가 있는 곳이 아무리 험하고 멀다고 해도 진정한 깨달음만 얻을 수 있다면 무엇이 두렵겠는가."

싯다르타는 온갖 고통을 무릅쓰고 마침내 그 선인이 있는 곳에 이르렀다.

소문대로 아라라가라마 선인의 가르침은 더없이 훌륭했다. 그래서 싯다르타는 그 곁에 머무르며 수련을 쌓기로 결심했다.

세상 사람들이 가장 두려워하는 문제들을 하나씩 깨우쳐 가는 것은 고통 속의 크나큰 즐거움이었다.

"정든 집과 사랑하는 가족을 떠나 깊은 산 속에 들어온 싯다르타여, 조용한 곳에서 항상 마음가짐을 바르게 하고 모든 욕심을 버리도록 하시오. 그것이 바로 진정한 깨달음을 얻는 길이라오."

아라라가라마 선인은 이렇게 싯다르타를 격려하며 진심으로 아껴 주었다. 깨달음을 얻기 위한 싯다르타의 고생은 그 후에도 이루 말할 수 없이 컸다.

하지만 싯다르타의 깨달음에 대한 의지는 더욱 깊어만 갔다.

"이보다 더 고요한 곳에 가서 명상에 파묻혀 보자."

싯다르타는 오래 머무를 만한 곳을 찾아 길을 떠났다.

그리하여 며칠 만에 우루빌라 마을 근처의 숲을 발견했다.

"오! 바로 내가 찾던 그런 곳이로다."

싯다르타는 곧장 큰 나무 아래로 가서 참선하는 자세로 앉았다. 그 곳에는 싯다르타말고도 다섯 명의 수행자가 더 있었다.

"이 자리에서 도를 깨우칠 때까지 일어서지 않으리라!"

이 때부터 싯다르타의 본격적인 고행이 시작되었다.

그가 하루 종일 먹는 음식이라고는 곡식 몇 알과 두 모금의 물뿐이었으므로 목숨을 지탱하기도 힘든 형편이었다.

날이 갈수록 싯다르타의 몸은 야위어 갔다. 눈두덩이 움푹 파이고 가슴에는 갈비뼈가 앙상하게 드러날 지경이었다.

그런 그의 생각의 폭은 세상 사람들이 짐작조차 못할 만큼 깊고 넓어져 갔다.

몸의 고통이 심하면 심할수록 지혜로운 생각이 끊임없이 솟아났다.

싯다르타는 그런 고행으로 여섯 해를 보냈다.

그러던 어느 날, 차마 마주 볼 수 없을 만큼 참담한 몰골로 싯다르타가 일어섰다.

"나는 여섯 해 동안 육체를 잊고 살았다! 오직 내 정신 속으로의 여행을 통해 깨달음을 얻으려고 애썼다!"

아침 해가 밝게 빛나던 그 날, 싯다르타는 강으로 가서 맑은 물에 목욕을 했다. 그리고 앙상한 몸에 옷을 갈아입고 나니, 마치 새가 된 듯 가벼운 기분이 들었다.

싯다르타와 함께 수행하던 다섯 사람의 눈이 휘둥그레졌다.

"싯다르타의 눈빛을 봐. 충만한 기쁨으로 가득 차 있어!"

"저 걱정 없는 표정은 또 어떤가! 여섯 해 동안 고행한 사람 같지 않게 인자해 보이잖아."

싯다르타는 수행자들의 말을 귓전으로 들으면서 천천히 걸음을 옮겼다.

"봐! 진정으로 깨달음을 얻은 얼굴이잖아!"

수행자들은 싯다르타의 눈빛에 모두 감동한 눈치였다.

"이 밝은 햇살, 부드러운 바람, 향기로운 꽃내음! 아아, 가슴이 벅차오르는 이 기쁨. 세상의 모든 것이 아름답게 보이고 정신이 유리알처럼 맑게 느껴지는구나."

그것이 바로 깨달음을 얻은 싯다르타의 첫 느낌이었다.

그는 세상의 모든 근심은 물론이고 자신이 여태까지 살아 오면서 겪었던 고통들도 잊어버렸다.

싯다르타는 조심스럽게 자신에게 물었다.

"내가 과연 부처의 도를 깨우쳤을까?"

그러자 우주가 환히 열리는 듯 멀리서 오색 찬란한 빛이 다가오기 시작했다.

그 때부터 싯다르타는 '석가모니'라고 불리게 되었다. 석가모니란 큰 깨달음을 얻은 부처를 일컫는 말이다.

"비로소 내가 할 일이 무엇인지 알겠다. 고통 속에서 하루하루를 살아가는 중생들을 구제하는 데 온 힘을 쏟으리라!"

석가모니는 오랜 고행 생활로 허약해진 몸을 추슬렀다.

그러고 나서 그가 맨 처음 찾아간 곳은 녹야원*이었다. 마침 녹야원에는 석가모니가 여섯 해 동안 고행할 때 함께 수행하려고 모였던 다섯 명의 수행자가 머무르고 있었다.

그들은 깨달음을 얻은 석가모니를 보자 질투심이 솟아났다.

"흥, 싯다르타가 석가모니라고?"

"어디, 우리와 뭐가 다르다는 건지 좀 알아볼까?"

"뼈만 앙상한 몸으로 보리수 아래에서 도대체 무엇을 얻었다는 거야?"

그러자 석가모니는 자기에 대해 험담을 늘어놓은 다섯 사람

학습도움말

녹야원
인도의 바라나 시 동북쪽 10킬로미터 지점에 있는 곳으로, 석가모니가 득도한 후 다섯 비구에게 최초로 설법한 장소이다. 불교의 4대 성지 가운데 하나로 손꼽히며, 기원전 3세기에 아소카 왕이 세운 돌기둥이 발견되었다.

석가모니가 다섯 제자들에게
처음으로 설법했던 녹야원

앞으로 조용히 나섰다. 그리고 사랑과 평화가 가득 담긴 얼굴로 그들과 눈길을 마주쳤다.

그런데 놀라운 일이 벌어졌다.

석가모니의 눈을 마주 쳐다본 다섯 사람이 약속이나 한 듯이 그 자리에 꿇어앉은 것이다.

그것은 깨달음을 얻은 석가모니의 모습에 모두 탄복했기 때문이었다.

석가모니는 다섯 수행자에게 자신이 깨달은 바를 가르쳤다.

"인간에게는 크게 네 가지의 괴로움이 있느니라. 그것은 살기 위한 몸부림, 늙어 감에 대한 안타까움, 몸이 아픈 힘겨움, 죽음에 대한 공포다. 그리고 사랑하는 사람과의 이별, 미운 사람과 함께 살아야 하는 고통, 행복이 영원하기를 바라는 욕심도 인간이 감수해야 하는 괴로움이다."

다섯 명의 수행자는 감동하여 석가모니 앞에 엎드려 움직일 줄 몰랐다.

"깨달음을 얻고 고통에서 벗어나는 길은 단 한 가지뿐이다. 나만을 위한 욕심을 버리고 진정한 도를 닦는다면 그대들의 앞날도 밝을 것이니라."

석가모니의 말 속에는 항상 깊은 뜻이 담겨 있었다.

"저희들도 함께 가겠습니다, 부처님. 저희들을 제자로 삼아 주십시오."

"내가 여섯 해 동안 수행하며 얻고자 했던 것이 바로 이런 기쁨인가 보구나."

석가모니는 비로소 사람의 가슴 속에 지혜를 심어 주는 기쁨과 보람을 느낄 수 있었다.

그 때부터 석가모니는 고행할 때의 고통스럽던 기억도 잔잔한 웃음으로 돌이켜볼 수 있었다.

"아아, 그 때의 나는 눈 뜨고 볼 수 없을 만큼 야위어서 해골과 같았지! 하늘이 뒤집히고 땅이 꺼지는 것 같은 어지러움, 마치 채찍으로 머리를 후려치는 것 같은 두통이 얼마나 오래 계속되었던가!"

푸른 하늘처럼 티 없는 마음을 얻기 위해 정진해 온 세월이 너무도 선명하게 머릿속을 스쳐 지나갔다.

그 어느 날이었던가?

천둥이 내리치고 소나기가 쏟아질 때의 신비로웠던 경험도 새삼 떠올랐다. 숲 속으로 몰아친 거센 비바람도 싯다르타가

참선하는 곳은 조용히 비켜 가곤 했다.

스물아홉 살에 고귀한 왕자의 몸으로 집을 나와 수행을 쌓은 지 여섯 해 만에 깨달음을 얻은 싯다르타. 그가 석가모니로 불리는 까닭은 훌륭한 성인으로서 갖추어야 할 모든 도를 깨우쳤기 때문이다.

"모든 걱정과 헛된 생각에서 벗어나 편안한 마음이 되는 상태를 '열반' 이라고 하느니라."

크나큰 깨달음을 얻게 된 석가모니의 얼굴빛은 참으로 그윽하고 맑았다.

하늘, 땅, 사람을 일컫는 삼계와 과거, 현재, 미래의 삼계에

학습 도움말

설법
불교의 가르침을 말로 전달하는 것. 석가모니는 듣는 사람들의 능력에 따라 이해하기 쉽게 진실한 말로 설법했다. 설법은 출가한 사람들이 하는 베풂의 행위(보시)이며 정해진 때에 하는 교단의 행사이기도 하다.

녹야원에서 처음 설법을 행한 것을 묘사한 설법 인물 좌상

서 우뚝 일어선 대각자 부처의 참모습 그대로였다.

부처가 되어 처음 맞이한 다섯 명의 제자를 거느리고 가는 석가모니에게는 새와 짐승들도 예를 갖추었다.

석가모니 일행은 바라가 강가에 한동안 머무르게 되었다.

석가모니의 설법*으로 인생의 궁금증이 풀리고 밝은 빛이 비치기 시작한 제자들의 얼굴에서도 조금씩 깨달음을 얻은 사람의 분위기가 풍겨 나왔다.

"나 혼자 도를 깨우친 것으로 만족해서는 안 된다. 세상의 수많은 중생들을 가르치고 올바르게 인도하는 데 온 힘을 기울여야 할 것이다."

석가모니의 한 마디 한 마디는 곧 성스러운 법어가 되어 제자들의 가슴 속에서 별처럼 빛났다.

참선

　가부좌를 하고 조용히 앉아 불도를 닦는 일을 말한다. 참선은 곧 '본 마음 그리고 참 나'를 밝히는 작업이다. '본 마음 그리고 참 나'는 어느 누구에게나 본래부터 갖추어져 있으며, 청정무구하여 일찍이 티끌 세상 속에서도 물든 일이 없으며, 완전하다고 한다. 참선은 이러한 '본 마음 그리고 참 나'에 대한 확고한 인식이나 신심에서 이루어져야 하며, 이는 올바른 참선의 선결 조건이기도 하다.

　사람들은 대부분 '영원'을 희구한다. 하지만 그 '영원'이라는 것은 '바로 지금'을 떠나서 별도로 존재하는 것이 아니다. 오히려 지금의 이 순간들이 바로 '영원'인 것이다. 그러므로 이미 지나가 버린 과거에 대한 회한이나 후회, 설움 등 일체를 놓아 버리고, 아직 오지 않은 미래에 대한 막연한 기대나 걱정 따위도 떨쳐 버린 채, 오직 바로 지금만 생각한다. 참선에서 이러한 연습은 매우 중요하다.

불교계 동안거 참가 스님들이 참선하고 있다.

고행

　불교에서는 자비와 무소유를 실천하는 금욕적인 삶을 해탈에 이르는 중요한 방법으로 여겼다. 그러나 다른 종교에서와는 달리 불교에서는 고행을 궁극적인 방법으로 여기지 않았다. 아직 깨달음에 이르기 전, 하루에 삼씨 1알과 보리 1알만을 먹는 등 당시의 어느 누구보다도 심한 고행을 실천했던 석가모니는 그러한 고행은 깨달음에 이르는 올바른 방법이 아니라는 것을 알고 마침내 이를 버렸으며, 깨달음을 이룬 이후 불법을 펼 때도 제자들에게 고행을 권하지 않았다. 그 대신에 해탈에 이르는 길로서 쾌락과 고행을 모두 벗어난 중도(中道)의 가르침을 설파했다. 따라서 불교에서 고행은 남을 이롭게 하거나 자신의 욕망을 제거하기 위한 일시적인 수단으로서 인정될 뿐이다.

삼계

중생들이 거주하는 욕계·색계·무색계를 일컫는다.

이 세계는 중생들이 윤회하면서 존재하는 세계이기 때문에 삼유라고도 하고, 괴로운 곳이기 때문에 고계라고도 하며, 괴로움이 바다처럼 끝이 없기 때문에 고해라고도 한다.

'욕계'는 식욕·성욕·수면욕 등의 욕망을 가진 중생들이 사는 세계를 말하며, '색계'는 욕계의 위에 있는 세계로서 천인이 거주하는 곳을 말한다. 이 세계에 거주하는 중생들은 음욕을 떠나 더럽고 거친 색법에는 집착하지 않으나 청정하고 미세한 색법에 묶여 있기 때문에 욕계 및 무색계와 구별하여 색계라 한다. 남녀의 구별이 없고 옷이 저절로 생겨나며, 빛을 먹고 빛으로 언어를 삼는다. '무색계'는 물질 세계를 초월한 세계로서, 물질을 싫어하며 벗어나고자 도를 닦은 사람이 죽은 뒤에 태어나는 천계를 말한다.

깨달음을 전하는 일

어느 날, 석가모니 일행이 고요한 강가를 거닐 때였다.

황금 신발을 신은 젊은이가 머리를 감싸쥐고 달려왔다. 젊은이는 석가모니 일행 앞에 멈춰 서더니 울면서 주저앉았다.

"모두 이 젊은이의 고통을 덜어 줄 수 있는 지혜를 생각해 보거라."

석가모니는 제자들을 둘러보며 젊은이의 어깨에 손을 얹고 말했다.

"젊은이여, 그대가 괴로워하는 까닭을 말해 보아라."

그러자 젊은이는 자초지종을 이야기하기 시작했다.

그는 이웃 마을에 있는 소문난 부잣집의 외아들인 야사라는 사람이었다.

그의 생활은 아름다운 아내와 더불어 사치스러움을 즐기는 것으로 나날이 이어지고 있었다.

하루는 야사가 흥겨운 잔치를 벌여 무용수와 광대들을 불러 놓고 밤늦도록 춤을 추며 술을 마셨다. 초대되었던 사람들은 새벽녘이 되어서야 지친 모습으로 잠에 빠져들었다.

"방금 전까지도 온몸을 흔들며 즐겁게 놀던 사람들이 코를 골면서 잠에 빠진 모습을 보는 순간, 갑자기 어이없다는 생각이 들었어요."

야사는 기쁨에 넘쳐 춤을 추었던 모습과 고통에 일그러진 듯한 표정으로 잠든 인간의 두 모습을 본 것이다.

"아아…… 행복과 고통이 이처럼 가까이 있는 줄은 몰랐습니다. 그러니 우리가 애써 차지하려는 재물과 명예도 결국은 부질없는 것 아닙니까?"

야사를 진심어린 눈빛으로 바라보던 석가모니는 천천히 고개를 끄덕였다.

"저도 출가하여 부처님을 따르겠습니다."

그런데 얼마 후, 외아들이 출가했다는 소문을 들은 야사의 아버지가 한걸음에 달려왔다.

"절대로 안 될 말입니다. 우리 아들이 뭐가 부족해서 고행길에 나선단 말입니까?"

그러자 옷소매를 붙잡고 매달리는 야사의 아버지를 향해 석가모니가 조용히 입을 열었다.

"인생의 덧없음과 재물의 하찮음을 깨달은 야사는 이제 나의

부처님의 말씀을 새긴 팔만 대장경

제자가 되었소. 좋은 집과 맛난 음식을 떨쳐 버릴 수 있는 용기만으로도 그는 훌륭한 수행자로 인정받은 셈이오."

석가모니의 말에 야사의 아버지는 고개를 떨군 채 아무 말도 하지 못했다.

그는 석가모니와 제자들을 자신의 집으로 초대했다.

가족들도 야사의 변화를 이해하며 모두 석가모니의 제자가 되기로 뜻을 모았다.

야사의 친구들도 석가모니를 찾아와 설법을 들었고, 그 가운데 몇 사람은 출가하기도 했다.

이렇게 석가모니의 제자는 나날이 늘어 갔다.

어느 새 60여 명으로 늘어난 제자들을 모아 놓고 석가모니가 말했다.

"이제 너희들은 지혜의 언덕에 올라섰다. 하지만 그것만으로 만족하지 말고 세상 여러 곳으로 퍼져 나가 괴로움에 시달리는 인간들에게 깨달음의 빛을 전하도록 하라. 한 사람씩 각자 다른 땅을 찾아간다면 훨씬 많은 중생들을 구제할 수 있으리라."

석가모니의 말을 들은 제자들은 뿔뿔이 흩어져 인도 땅 곳곳으로 떠나갔다.

그 후, 다시 홀로 남게 된 석가모니는 바람처럼 자유롭게 세상을 돌아다녔다.

그러자 길에서 만나는 사람마다 그의 설법에 감동하여 기쁨을 얻었으며 제자가 되어 따라 나서기도 했다.

"어떻게 사는 것이 슬기로운 삶인가?"

석가모니의 질문은 수많은 이들의 가슴에 크나큰 깨달음으로 다가왔다.

어느 날, 석가모니가 명상에 잠겨 있을 때였다. 느닷없이 한 여인이 목놓아 울면서 나타났다.

인도

인도는 인디아의 한자음 표기이며, 공식 명칭은 인도 공화국이다. 수도는 뉴델리로 북부를 동서로 가로지르는 세계적인 고산 지대인 히말라야 산맥 지역을 포함하고 있다. 불교, 힌두 교 등 세계 종교의 발상지이자 근원지이다.

인도의 수도 뉴델리 중심가를 가득 채운 인파와 차량

"저는 이미 남편을 잃은 지 오래입니다. 그래서 제 희망은 오직 외아들뿐이었지요. 한데 그 아들마저 세상을 떠나고 말았습니다. 흑흑흑……."
여인은 몸부림치며 하소연을 했다.
"여인이여, 이제 그만 눈물을 거두시오."
"아…… 제발 이 고통에서 벗어나게 해 주십시오."
"여인이여, 그럼 내가 그 고통에서 벗어나는 길을 일러 주리다. 그대는 곧 마을로 내려가 한 집에서 한 움큼씩의 쌀을 얻어 오시오. 단, 사람이 한 번도 죽은 적이 없는 집에서 구해

산치의 탑문에 조각되어 있는 고대의 크샤트리아

와야 합니다."

"그렇게 하면 이 고통에서 벗어날 수 있습니까?"

여인은 석가모니의 말을 듣고 곧장 산을 내려갔다.

그러나 한나절이 지난 후 여인은 풀이 죽은 얼굴로 다시 돌아왔다.

"어느 집을 가 보아도 죽은 사람이 없는 집이 없었습니다."

"자, 이제 알겠소? 그대의 고통은 누구나 겪을 수 있는 것으로 삶과 죽음은 곧 하나인 것이오."

그제야 여인은 석가모니의 가르침을 깨달았다.

석가모니의 깊고 맑은 눈을 마주 보는 여인에게서는 새로운 힘이 솟아나는 듯했다.

어느 새 석가모니의 제자는 무려 90여 명에 이르렀다.

석가모니는 카샤파 선인을 찾아가기로 마음먹었다. 카샤파는 불의 신 '아그니'를 섬기는 브라만 교의 우두머리였다.

인도의 브라만 족을 중심으로 생겨난 브라만 교는 차츰 그 세력이 커져서 신도 수가 5백여 명에 이를 정도였다.

카샤파는 나이란자나 강가에 살고 있었다.

석가모니가 그 곳에 이르렀을 때는 해가 질 무렵이었다.

석가모니가 깨달음을 얻었던 불교 4대 성지 중 최대 영지인 부다가야 사원

"카샤파 선인이여, 하룻밤 묵어 가게 해 주십시오."

카샤파는 석가모니를 보고 곧 예사 사람이 아님을 눈치챘다. 그래서 석가모니를 시험해 보기로 마음먹었다.

"글쎄요, 우리 집에 빈 방이라고는 저기 헛간뿐인데 괜찮겠습니까?"

"네, 어떤 곳이든지 괜찮습니다."

석가모니는 카샤파가 안내하는 헛간으로 들어섰다.

그 곳은 연장을 넣어 두는 창고로, 크고 징그러운 뱀이 돌아다녀 섬뜩한 느낌이 들었다.

석가모니는 뱀이 스쳐 지나는 것도 아랑곳하지 않고 점잖게 자리를 잡고 앉았다.

이튿날, 집 주인은 헛간으로 가 보았다.

"그렇게 잘난 척하더니 분명히 죽었을 게 뻔해……. 아니! 저럴 수가!"

그러나 석가모니는 지난 밤보다 더욱 환한 모습으로 명상에 잠겨 있는 중이었다.

"오, 정말 대단한 신통력이다!"

"도를 깨우치신 분이 분명해!"

카샤파의 제자들은 너나 할 것 없이 석가모니 앞에 머리를 조아렸다.

그러자 멀찍이서 이 모습을 지켜보던 카샤파의 마음에 한 줄기 불안감이 스쳐 지나갔다.

석가모니는 평화로운 미소를 머금은 채 카샤파 앞으로 다가섰다.

"카샤파여, 그대는 내가 살아 남기를 원하지 않았지요?"

석가모니는 부끄러워서 어쩔 줄 몰라 하는 카샤파의 어깨를 가볍게 두드렸다.

"그대는 불의 신을 믿는 지도자인 것으로 알고 있소. 하지만 나를 해치려는 마음, 그 쓸데없는 질투심을 버리지 않는 한 그대의 앞날은 밝지 못할 것이오."

그리고 나서 석가모니는 카샤파와 그의 제자들에게 자신이 갖고 있는 신비로운 힘을 보여 주었다.

"보시오, 몸과 마음이 한없이 맑아서 하나로 통하면 어떤 일이든 이룰 수 있는 것이오."

석가모니는 하늘나라로 올라가서 향기로운 꽃과 잘 익은 과일을 따 오고, 손짓만으로 불을 지피거나 끄기도 했다. 모두 석가모니의 신통력에 혀를 내둘렀다.

비가 몹시 쏟아지던 날, 석가모니의 신비로운 힘이 또다시 나타났다.

산이 무너지고 강물이 넘쳐 온 마을이 물에 잠겼을 때였다.

"석가모니도 물에 잠겼을 거야!"

카샤파와 그의 제자들은 석가모니가 머무르고 있던 곳으로 찾아갔다.

그러나 그들이 배를 저어 다다른 곳에는 뜻밖에도 놀라운 광경이 펼쳐져 있었다.

석가모니는 나무 밑에서 아무 걱정도 없이 의연한 모습으로 참선을 하고 있었는데, 그 근처에는 비가 내리기는커녕 물조차 스며들지 않은 보송보송한 땅 그대로였던 것이다.

"오, 부처님이시여! 두려움이 없는 당신에게 존경을 표합니다. 부디 우리도 깨달음을 얻도록 인도해 주소서!"

드디어 카샤파도 석가모니 앞에 무릎을 꿇었다.

5백 명이나 되는 카샤파의 제자들도 마찬가지였다. 그들은 석가모니를 따른다는 뜻으로 머리를 깎았다.

그 때부터 석가모니는 엄청나게 불어난 제자들을 거느리고 가야산에 머무르며 가르침을 펼치게 되었다.

하루하루 새로운 기쁨에 눈 뜨고 깨달음의 도를 깨우쳐 가는 보람찬 나날이었다.

이러한 소문은 바람처럼 멀리 퍼져 나갔다.

그리하여 마가다 왕국의 빈비사라 왕도 소문을 듣고 석가모니를 찾아왔다.

"훌륭하신 그대를 위해 무슨 일이든 하고 싶습니다."

빈비사라 왕은 자기의 왕궁에서 그리 멀지 않은 곳에 절을 지어 주었다.

그리고 그 절의 이름을 '죽림 정사'라고 지었다.

그 곳은 공기와 물이 맑고 주변이 고요하여 수도 생활을 하기에 적합한 장소였다.

카샤파를 비롯한 수많은 제자들과 함께 공동 생활을 시작한 석가모니는 더욱더 큰 가르침을 펼쳐 나가기 시작했다.

그래서 죽림 정사의 식구들은 점점 늘어 갈 수밖에 없었다.

이미 다른 곳으로 깨달음의 도를 전하러 떠났던 제자들도 석가모니를 그리워하며 되돌아왔다.

한번은 거지가 동냥삼아 찾아온 적이 있었다.

"어서 오시오. 편안한 자리에 앉아 마음껏 쉬고 음식을 먹도록 하시오."

석가모니는 비록 거지라 해도 왕이 찾아왔을 때와 다름없이 반갑게 맞이했다.

"어찌하면 그렇게 평화롭고 드넓은 마음을 지닐 수 있는 것입니까?"

제자들이 이렇게 물어 올 때마다 석가모니의 대답은 늘 한 가지였다.

"부끄러움이 없으니 두려움 또한 없는 것이니라."

속세의 아버지를 만나서

사위 왕국에 수닷타라는 이름난 부자가 있었는데, 하루는 그가 석가모니를 찾아와서 말했다.

"저는 비록 출가하여 도를 닦는 사람은 아닙니다. 하지만 사람을 죽이거나 도둑질을 하지 않고 술과 헛된 말을 삼가며 살아가고 있습니다. 부처님, 제가 무언가 도울 일이 없을까요?"

"마침 나는 죽림 정사*를 떠나려고 하오. 그러니 새로운 정사를 지어 주면 정말 고맙겠소."

수닷타는 곧 경치 좋은 숲 속에 정사를 지었는데 석가모니가 천 명이 넘는 제자들을 두었으므로 그 규모는 굉장히 큰 것이었다.

수닷타는 이 곳의 이름을 '기원 정사'라고 지었다.

어느덧 석가모니가 카필라 왕궁을 떠나 수행을 시작한 지 열두 해가 지났다.

"이번에는 카필라 성 근처에 가서 설법을 해야겠구나."

한편 석가모니가 열두 해 만에 찾아온다는 소문을 들은 정반왕의 기쁨은 이루 말할 수 없이 컸다.

학습 도움말

정사

불도 수행자의 주거지로 승원 또는 사원이라고도 한다. 인도 중부 마가다 왕국의 죽림 정사가 그 시초로, 가란타 장자가 자신이 소유하고 있던 죽림원을 헌상하자 그 곳에 빈비사라 왕이 석가모니와 그 제자들을 위해 지었다.

빈비사라 왕이 지었던 최초의 절인 '죽림 정사' 터

"오, 참으로 오랜만에 그리운 싯다르타의 모습을 보겠구나. 모두 위대한 부처를 맞을 준비를 서둘러라!"

카필라 성은 이내 술렁거리기 시작했다.

속세의 아내 야쇼다라도 설레는 마음으로 라훌라의 등을 가만히 어루만졌다.

그런데 이게 웬일일까?

석가모니는 카필라 성으로 들어서지 않았다.

고향 집과 사랑하는 가족들을 곁에 두고도 석가모니의 마음은 조금도 흔들림이 없었다.

석가모니가 성 밖에서 가족들을 만났을 때의 첫마디도 안부

불교의 특징

불교는 다른 종교와 몇 가지 구별되는 점이 있다. 하나는 신을 내세우지 않는다는 것이다. 부처가 훗날 이상화되고 절대시되어 깨달음과 구제의 인도자로 여겨지고 있으나, 결코 창조주와 같은 자세는 취하지 않고 있다.

석가모니가 열반에 드는 장면을 새겨 놓은 부조

인사가 아닌 설법이었다.

"오랜 고행 끝에 큰 깨달음을 얻고 이렇게 돌아왔습니다. 왕자로 살 때의 물질적인 풍요로움과는 비교할 수 없는 행복을 얻은 것이지요. 누더기 옷을 걸치고 거친 음식을 먹지만, 바른 길로 살아가는 기쁨이 충만한 상태입니다."

그러자 처음에는 석가모니의 설법을 귀담아 듣지 않던 사람들도 차츰 감동받기 시작했다.

정반왕과 마하바쟈바디, 그리고 야쇼다라와 라훌라도 눈물을 글썽거렸다.

이제 그들은 석가모니에 대해 큰 산처럼 높고 귀한 존재로서 존경하는 마음이 우러나기 시작했다.

"오, 석가모니여. 그대는 드디어 진리를 전하는 선인이 되어 돌아왔구나! 부디 속세의 일은 모두 잊어버리고 부처의 길을 가거라."

아버지도 석가모니의 모습에 진정으로 감동했다.

카필라 성에 모였던 군중 가운데서도 출가를 결심하는 사람들이 점점 늘어 갔다.

"돈도 명예도 다 싫다! 이까짓 화려한 옷이 무슨 소용이야!

부처님, 저를 제자로 삼아 주십시오."

석가모니의 뒤를 따르는 사람들의 눈에서는 참회의 눈물이 흘러내렸다.

더욱 놀라운 사실은 예전에 석가모니를 미워하던 난다와 석가모니의 아들 라훌라가 출가한 것이다.

"부처의 법에는 지위의 높고 낮음이나 재물이 많고 적음이 문제되지 않는다. 모두 깨달음을 얻는 일에 정진하여 참된 경지에 이르길 바라노라!"

석가모니는 카필라 성을 돌아보며 또 하나의 세상이 열리는 기쁨을 맛보았다.

어떤 어려운 일 앞에서도 인자한 미소로 감동을 주는 석가모니는 향기로운 꽃과 같았다.

괴로움에 빠진 사람들은 석가모니 곁에 있기만 해도 마음이 평온해지는 신비한 체험을 하곤 했다.

속세의 아버지인 석가모니를 따라 출가한 라훌라도 어느덧 열일곱 살이 되었다.

그런데 그는 석가모니의 아들이라는 이유 때문에 남다른 대접을 받고 있었다.

그것을 못마땅하게 여긴 석가모니는 어느 날 라훌라를 불러들였다.

"라훌라, 대야에 물을 떠다가 내 발을 씻어라."

그리고 나서 석가모니는 라훌라의 행동을 가만히 지켜보았다.

잠시 후, 석가모니는 발 씻은 물을 라훌라에게 내밀었다.

"이 물을 마실 수 있겠느냐?"

라훌라는 깜짝 놀라며 뒤로 물러섰다.

"그럼 네 마음이 이 물보다 깨끗하다고 말할 수 있겠느냐?"

석가모니는 엄한 눈빛으로 라훌라에게 설법을 시작했다.

"이는 나의 제자들이 너를 특별히 여겨 수행 생활이 진실하지 못함을 알려 주려 한 것이다. 앞으로는 네 스스로의 힘으로 우주가 열리는 깨달음에 이르기 바란다."

그러자 라훌라는 부끄러움에 고개를 들지 못했다.

그는 마음 속으로 석가모니의 뒤를 이어 훌륭한 성자가 되겠다고 굳게 마음먹었다.

한편 라훌라의 어머니 야쇼다라와 마하바쟈바디는 여승으로 수행 생활을 함께 하고 있었다.

라훌라는 가끔씩 그들을 찾아가 옛정을 나누었다. 그리고 점점 늙고 병들어 가는 그들의 모습을 보며 인생의 덧없음을 마음 속 깊이 느끼기도 했다.

"라훌라, 아버지의 뜻을 본받아 부디 깨달음의 경지에 이르러 다오."

두 여인은 늘 라훌라에게 이렇게 부탁했다. 그리하여 라훌라는 더욱더 수행에 정진하게 되었다.

어느 날, 석가모니가 한창 참선 중일 때의 일이었다.

문득 꿈결같이 속세의 아버지 모습이 스쳐 지나갔다.

'아, 아버지께서 지금 위독하시구나!'

석가모니는 정반왕이 나이가 들어 치유하기 어려울 만큼 병이 깊어졌음을 예감할 수 있었다.

석가모니는 정반왕의 마지막 길을 지켜보기 위해 곧장 카필라 성으로 향했다.

그가 라훌라와 난다를 데리고 카필라 성에 도착했을 때, 정반왕은 죽음의 문턱에 이르러 있었다.

"조금도 두려워하지 마시고 마음 편히 떠나소서. 이승에서 좋은 일을 많이 이루셨으니 다음 생에서는 행복한 삶을 누리실 수 있을 것입니다. 어차피 삶과 죽음은 하나니까요."

석가모니는 눈물 한 방울 흘리지 않고 목소리조차 떨지 않은 채 아버지의 눈을 감겨 주었다.

카필라 성은 곧 울음바다가 되었다.

"아아, 인간의 고통은 그 시작과 끝이 어디이며 행복이란 또한 무엇인가?"

장엄하게 치러지는 정반왕의 장례식을 지켜보다가 석가모니

는 한숨을 내쉬었다.

세월이 흐르면 사람도 늙고 병들어 죽는다는 것과 또 그것을 마땅히 받아들여야 한다는 것을 세상 사람들에게 일깨워 줘야 할 책임감이 느껴졌다.

세월은 자꾸만 흘러갔다.

때로는 푸근한 미소로, 때로는 드넓은 마음으로 세상을 바라

보는 석가모니도 세월의 눈금만은 지울 수가 없었다.

그도 예외 없이 늙어 갔던 것이다.

오랜 세월 동안 가르쳐 온 제자들은 석가모니가 늙어 감을 안타까워했다.

"부처님은 우리들을 떠받쳐 주시는 큰 기둥입니다."

"다음 생에서도 부처님의 곁에 머물게 되기를 기원합니다."

석가모니는 훌륭하게 성장하는 제자들을 바라보는 것이 큰 기쁨이었다.

그러나 석가모니를 따라 출가한 제자들 가운데는 마음이 바르지 못한 사람들도 이따금 생겨났다. 그들은 작은 욕심을 내세워 서로 다투고 원한을 갖는 일이 잦았다.

"워낙 많은 사람들이 모여 살다 보니 다툼이 있을 수도 있다. 그러나 나보다는 남을, 작은 것보다는 큰 것을 생각하는 사람이라면 그 다툼이 부끄러운 짓이라는 것을 스스로 깨달으리라!"

사람들에게 마음 안에 우주를 담을 수 있도록 깨달음을 전해 주려는 석가모니의 노력은 이렇듯 끊임없이 이어졌다.

하지만 점점 기운이 쇠약해지는 석가모니를 보고 제자들은 안타까움에 어쩔 줄 몰라 했다.

또한 이 무렵은 카필라 성이 외세에 침략을 받아 함락당한 때이기도 했다.

"제자들아, 듣거라. 이 세상에 영원한 것은 없다. 그러니 내가 열반에 든 뒤에도 끊임없이 바른 길을 찾아 정진해야 한다. 이것이 내가 이승에서 남기는 마지막 부탁이니라. 그리고 앞으로 석달 후에 나는 이 세상을 떠날 것이다."

제자들의 슬픔은 이루 말할 수가 없었다.

"부처님이시여, 부디 나약한 말씀을 거두시고 우리 곁에 머물러 주십시오."

그러자 석가모니는 머리를 내저었다.

"제자들아, 이것은 슬퍼하거나 걱정할 일이 아니다. 내 속세의 나이가 어느덧 여든 살이다. 그 가운데 마흔다섯 해는 출가하여 도를 깨우치는 데 아낌없이 바쳤느니라. 이제 내 몸은 낡은 수레와 같아 조금씩 수리하면서 사용하던 것을 새것으로 바꾸게 되었을 따름이니라."

석가모니의 말에 제자들은 시든 풀처럼 고개를 숙였다. 너나없이 뜨거운 눈물이 볼을 타고 흘러내렸다.

"세상의 커다란 이치를 깨우쳐 주신 부처님, 반드시 당신의 뜻을 받들며 살도록 하겠습니다."

그 때, 멀리서 잔잔한 바람이 밀려오더니 은은하고 구슬픈 피리 소리도 함께 들려왔다.

"내가 열반의 땅으로 정한 곳이 있느니라. 그 곳 쿠시나가라로 가고 싶구나."

그리하여 제자들 중 몇 명이 석가모니와 함께 쿠시나가라로 떠나게 되었다.

그 먼 길을 가는 도중에도 석가모니는 만나는 사람들에게 설법하기를 게을리하지 않았다. 목소리를 내는 것이 힘에 부치면 맑은 눈빛으로 그윽한 사랑의 뜻을 전하기도 했다.

목적지에 도착한 석가모니는 기운을 거의 잃고 있었다.

"사라 쌍수 사이에 자리를 마련해 다오. 북쪽에 머리를 두고 이 세상을 떠나리라."

그리고 석가모니는 지친 몸을 조용히 뉘었다.

그 때, 사라 쌍수의 향기로운 꽃잎들이 석가모니의 몸으로 무수히 떨어져 내렸다.

"아, 향기롭고 아름답도다!"

석가모니는 지그시 눈을 감고 죽음의 시각을 기다렸다.

너무나 평화로운 석가모니의 표정과는 달리 제자들은 안타까운 빛을 감추지 못했다.

그런데 그 경황 중에도 석가모니의 제자가 되기 위해 찾아온 노인이 있었다. 백 살이 넘은 그 노인은 석가모니의 손을 잡고 출가를 결심한 다음 기쁜 마음으로 돌아갔다.

"내가 평생을 살면서 풀지 못한 인생의 문제들을 부처님의 마지막 눈빛을 보고 풀었다!"

이러한 노인의 외침은 석가모니의 제자들에게도 커다란 감동을 주었다.

밤이 깊어졌을 때, 라훌라가 먼 길을 달려와 석가모니 앞에 꿇어앉았다.

"너는 속세의 아들이라기보다 내 뜻을 받아들인 제자이다. 그러니 우리의 인연이 헛되지 않도록 계속 정진하거라!"

그 때도 꽃잎은 계속해서 석가모니의 얼굴에 내려앉았다.

잠시 후, 석가모니는 제자들을 바라보며 말을 이었다.

"누구든 내 죽음을 슬퍼하지 말라. 어차피 인생이란 덧없이 흘러가는 것이니, 그 허무한 삶 속에서 영원한 깨달음을 얻는 수행을 계속하기 바란다."

이렇게 짧은 설법을 마치자, 마침내 석가모니의 눈이 스르르 감겼다.

때는 기원전 483년 음력 2월 15일이었다.

아무런 근심 없이 평화롭고 고요하게 열반에 든 석가모니를 제자들이 에워쌌다.

새하얀 달빛이 사라쌍수 꽃잎에 덮인 석가모니의 온몸을 비추었다.

"영원히 기억될 우리의 스승이시여, 당신의 위대한 가르침을 후손들에게 전하겠나이다!"

그 뒤, 제자들은 석가모니의 설법을 기억해 내 경전을 만들고 왕자의 몸으로 출가하여 행한 고행의 일대기를 하나하나 적어 나갔다.

석가모니의 생애

기원전 563 ~ 기원전 483

왕자의 신분으로 태어난 석가모니는 자신에게 주어진 풍족한 생활을 스스로 떨치고 고행의 길에 들어서서 깨달음의 경지에 이르렀으며, 사람들에게 자신의 깨달음을 널리 알려 참된 길로 인도하는 일에 일생을 바친 위대한 성인이었다.

釋迦牟尼

출생

불교의 창시자인 석가모니가 태어나고 죽은 연대는 정확하게 밝혀진 바가 없다. 기원전 463년~383년 또는 기원전 563년~483년 등 여러 가지 설이 있으나 모두 정확한 것은 아니다. 다만 후세 사람들이 여러 자료들을 통해 추정할 뿐이다. 그러나 태어나서 여든 살까지 살았다는 것만은 일치된 의견을 보이고 있다. 석가모니는 네팔 남부와 인도의 국경 부근인 히말라야 산기슭에 있는 작은 나라에서 정반왕의 맏아들로 태어났다.

출가

석가모니는 어머니가 일찍 죽어 이모의 손에 자라났는데 왕족이었기 때문에 교양에 필요한 학문과 기예를 배울 수 있었고 생활 역시 매우 풍족했을 것이라고 짐작된다. 석가모니는 당시의 풍습에 따라 열다섯 살에 결혼했다. 부인은 야쇼다라였는데 그녀에게서 아들 라훌라를 얻었다. 그러나 석가모니는 인생의 밑바닥에 잠겨 있는 여러 가지 문제에 부딪쳐 괴로워하고 고뇌하다가, 괴로움의 본질을 밝히고 번뇌와 속박에서 벗어나 편안한 마음에 도달하는 해탈의 경지에 이르고자 왕자의 자리를 버리고 스물아홉 살에 출가했다.

해탈

석가모니는 이름난 선인들을 찾아가 해탈의 깨달음을 얻고자 했다. 하지만 그와 같은 방법만으로는 생사의 괴로움에서 벗어날 수 없다고 생각해 부다가야 부근의 산림으로 들어갔다. 거기서 그는 당시 출가자들의 풍습이었던 고행에 전념했다. 그러나 고행으로도 완전한 해탈에 이르지 못한다는 것을 알고 보리수 밑에서 사색하고 정진하여 마침내 진정한 깨달음을 얻었다. 이 때, 그의 나이는 서른다섯 살 정도였다.

설법

석가모니는 지난날 고행을 함께 했던 다섯 명의 출가자들에게 처음으로 설법했다. 그들은 석가모니의 설법에 교화되어 첫 제자가 되었다. 그리고 그것을 계기로 하여 석가모니는 일반인들에게도 널리 알려져 여러 사람을 상대로 설법을 하게 된다. 그러나 석가모니는 불교라는 교단을 설립할 의도는 갖고 있지 않았다. 교단을 설립한 것은 후세 사람들에 의해서이다. 그래서 오로지 민중들의 괴로움을 해결하기 위해 설법을 하며 돌아다니다가 죽었다. 그 설법은 문답 형식의 비유와 설화를 통하여 쉬운 말로 행해졌으므로 그것을 이해하고 따르는 사람들이 나날이 늘어 갔던 것이다.

석가모니와 여섯 제자를 그린 중국의 벽화

마야 부인의 태몽을 새긴 '탁태영몽도'

성불 후, 발자국마다 연꽃이 피었다는 석가모니의 발자국 흔적

3~4세기에 만들어진 부처의 머리

통일 신라 시대의 석교인 불국사 연화교와 칠보교

석가모니가 열반에 들었던 쿠시나가라의 열반당

석가모니가 열반에 드는 장면을 묘사한 부조

기원전 563 ~ 기원전 483
釋迦牟尼